총과 도넛

존경과 혐오의 공권력
미국경찰을 ★ 말하다

GUNS AND DOUGHNUTS

총과 도넛

최성규 지음

치밀한 자료조사와
생생한 현장경험으로 써 내려간
현직 경찰서장의 미국경찰 종합보고서

동아시아

머리말

자치로 나아가는 한국경찰의 길

한국경찰은 지금 큰 변화의 시대를 맞고 있다. 부분적으로나마 자치경찰제를 도입하게 되었고 검경수사권 조정을 통한 독자적인 수사가 가능해졌으며 경찰노조는 아니지만 직장협의회가 정식으로 출범하게 되었다. 시대에 맞게 계속 변화하고 있지만 2021년은 더욱 꿈틀거리는 해가 될 것 같다.

이 책은 2017년 2월부터 3년간 미국 시카고에서 경찰영사로 근무하며 우리와는 많이 다른 법집행시스템과 방식을 접했는데 현상에서 때론 당황하고 때론 새로운 것을 알게 되면서 이를 하나하나 기록해놓은 것에서 비롯되었다. 우리가 가장 선진적인 시스템이라고 쉽게 가정하고, TV나 드라마를 통해 가장 흔하게 접하는 미국경찰에 대해 제대로 알려주는 사람은 많지 않았다. 그래서 미국경찰에 관심 있는 사람이라면 누구나 쉽고 재미있게 읽을 수 있으며 무엇보다 미국경찰을 아는 데 도움이 될 만한 책이 있으면 좋겠다고 생각해 공부를 하고 자료를 모았다.

미국경찰을 칭찬하려는 것도 아니고 비판하려는 것도 아니다. 단지 화면에서 접하는 영화 같은 화려함보다 생활 속에서 접하는 진짜 미국경찰의 모습을 보여주고 싶었다. 영화에 자주 나오는 보안관은 진짜 경찰인지, 경찰관이 다른 제복을 입은 경찰관을 체포하는 일은 어떻게 가능한지 같은 가벼운 호기심부터 우리가 막 시작하려는 자치경찰제를 건국 초기부터 지금까지 해오고 있는 미국경찰의 시스템, 우리와는 달리 독자적이고 독립적인 수사를 하는 경찰이 검찰과 협력하는 모습, 경찰노조가 어떻게 운영되는지 등 사회제도적인 문제들까지 미국경찰의 다양한 모습을 담으려 했다. 특히 최근 논쟁 중인 민간인 총기소유 문제와 관련하여 총이 넘쳐나는 이 거친 환경에서 그들은 어떻게 치안활동을 하고 빈발하는 인종차별 항의 시위에 어떻게 대처하며 그 이면에 숨은 이야기는 무엇이 있는지 알아보았다.

나는 경찰이라는 조직 안에서 경찰의 프레임으로 세상을 본다. 나에게 어떤 나라의 경찰의 모습은 그 나라의 철학과 영혼을 보여준다. 민주주의의 성숙도와 시민을 대하는 자세가 담긴 것이다. 각국은 처한 여건이나 특수성을 감안하여 조금씩은 다른 자기들만의 경찰을 만들어가고 이들에게 치안을 맡기고 있다. 경찰로서 다른 나라의 경찰을 들여다볼 수 있는 기회는 귀하고 드물다. 30년 차

경찰이다 보니 미국경찰의 모습을 통해 자연스럽게 미국을 이해하게 되었고, 그들의 화려함을 보면 부러움과 자극을 받게 되면서도 그 민낯에서 우리가 모르던 우리의 강점을 알게 되어 자신감도 얻었다. 다른 분야도 마찬가지겠지만 우리 경찰의 모습이 어떠한지는 다른 나라 경찰의 모습을 볼 때 훨씬 더 선명히 보인다.

한국과 미국의 정치구조나 치안환경이 너무 다르기 때문에 그쪽에서는 괜찮아 보여도 이쪽에서는 안 통할 수 있고, 그쪽이 너무 힘들어하는 것을 이쪽은 훌륭히 해내고 있는 것도 있다. 유럽이나 북미의 나라들이 다양한 모습의 자치경찰제를 시행하고 있는데 그 중에서도 국가경찰 없이 자치경찰제를 실시하고 있는 미국경찰을 들여다보면 이제 막 자치의 발을 떼는 우리가 가는 길에 많은 참고가 되지 않을까.

미국은 경찰치안활동이 자치사무임을 분명히 하고 있고 광역자치단체는 물론 기초자치단체까지 자치경찰을 운영하고 있다. 어찌 보면 지금까지의 한국경찰과 가장 대척점에 있는 모델의 경찰이 미국경찰이다. 수사는 경찰, 기소는 검찰이라는 원칙하에 자치검찰과 협력하여 사법정의를 세우는 모습도 가까이서 지켜보았고 경찰노조가 뒷받침된 강한 공권력 뒤에 자리한 인종차별의 그늘진 면도 보았다.

총기 관련 문제를 따로 서술한 것은 총기소유로 인한 치안환경의 악화로 자치경찰의 장점을 충분히 살리지 못하고 있는 점을 보여주고 싶었기 때문이다. 하지만 분명한 것은 경찰이 자치단체의 자치분권에 녹아들면서 시민이 단순히 치안의 객체에 머무르지 않고 치안의 주체의 지위를 차지했다는 점이다. 공동체의 치안에 지역주민들이 관심을 갖고 적극적으로 참여하며 치안을 함께 만들어 가는 것이다.

통계나 수치는 인터넷과 책을 뒤져 자료를 찾았고 살아 있는 모습을 담기 위해 현장의 경찰관들을 직접 만나 묻고 썼으며, 쓴 게 맞는지 다시 물었다. 일반인의 눈높이에 맞추어 이해하기 쉽도록 하려 했지만 그래도 직업 경찰관의 몸에 밴 편견과 호기심이 앞서지 않았나 싶다. 한 명이라도 더 현장의 경찰관을 만나 그들의 얘기를 들으려 했고 기회가 닿는 대로 시카고가 아닌 다른 주나 시의 경찰도 보려 했지만 시간이나 공간의 제약이 있어 쉽지 않았다. 경찰관이 이 글을 읽는다면 지금 막 걸음마를 떼고 있는 한국경찰의 자치가 어떤 길을 택할지 미국경찰을 통해 영감을 얻기 바라고, 일반 독자라면 미국경찰의 시스템과 생활상을 어느 정도 이해하는 데 도움이 되기 바란다.

책을 구성하는 데 많은 분의 도움이 있었다. 미국의 법체계에 대한 전반적인 통찰을 준 일리노이주 이수연 변호사, 미국의 형사법체계에 대한 이해에 도움을 준 듀페이지카운티 권재구 전 검사, 보안관을 이해하는 데 도움을 준 쿡카운티 배재 한인부보안관, 주경찰 얘기를 많이 들려준 형제 경찰 안젤로 몰로와 마이크 몰로, 경찰노조를 알려준 시카고경찰노조위원장 케빈 그레이엄, 시카고경찰의 통합정보센터fusion center에서 일하는 경찰관 에런 그레이엄 그리고 지역경찰협의체를 알려준 링컨우드경찰서장 제이슨 패럿, 하일랜드파크경찰서장 루 조그먼, 위네카경찰서장 마크 혼스타인 등. 마지막으로 책을 출간하는 데 도움을 준 동아시아출판사 한성봉 대표에게 이 자리를 빌려 거듭 감사드린다.

차례

현장보고서
내가 만난
경찰

PART 1
너무 다른 경찰
미국경찰의 특수성

다양한 경찰

구석구석 자치경찰

한 나라의 질서를 유지하는 데 무엇보다 중요한 것이 경찰의 치안 활동이다. 대다수의 나라는 이를 국가사무로 규정하고, 중앙집중적이고 통일적으로 운영하고자 국가경찰을 둔다. 하지만 민주주의와 자치분권에 대한 의지가 강한 유럽과 북미의 나라들은 경찰의 치안활동도 자치사무로 규정하고, 자치단체에서 수노석으로 경찰을 운영한다. 그래도 보통 효율적인 통제와 자치경찰 간 협력 및 조정을 위해 국가경찰을 일부 남겨놓는데, 미국은 그렇지 않다. 경찰의 치안활동은 자치사무라는 생각이 강하고, 자치단체도 광역자치단체가 아닌 기초자치단체가 주인공이며, 풀뿌리 치안이 핵심이라고 생각한다. 인구가 몇천 명밖에 되지 않는 기초자치단체도 독자적인 치안권을 갖고 자신들만의 경찰서를 운영한다.

미국은 나라 자체가 크기도 하거니와 사람들이 총도 많이 갖고 있고 테러위협도 있는데, 어떻게 경찰을 중앙집권화하지 않고 분산화·분권화하는 시스템으로 치안을 유지하고 있을까? 건국 초기에는 미국도 치안활동을 국가사무로 할지 자치사무로 할지 고민했다. 하나의 연방경찰을 두고 전국을 장악할지, 주별로 주경찰을 두어 주 전체의 치안을 맡길지, 아니면 모든 자치단체의 행정구역별로 경찰을 두어 치안을 각자 알아서 하도록 하고 주정부는 가이드라인만 제시하는 간접통제를 할지가 그것이었다. 지금은 미국이 커져 국가 전체를 하나의 경찰이 맡는다는 것은 상상하기 힘들지만, 건국 초만 해도 13개 주였고 인구도 많지 않아 고민할 만한 사안이었다. 결국 세 가지 안 중 민주주의와 개인의 인권을 기치로 내건 정부의 이념에 맞게 치안을 자치사무로 규정하고 자치단체에 맡겼다.

인구도 적고 정부기능도 안정되지 않았던 옛날에는 마을별로 경찰을 운영하는 게 좋았다. 그러나 도시화가 급속도로 진행되고 범죄자가 고속도로를 타고 빠르게 이동하는 시대가 되면서 자치단체마다 경찰을 갖는 시스템이 불편하고 비효율적이게 되었다. 한국의 행정구역은 특별시·직할시·도 광역자치단체와 시·군·구 기초자치단체로 구성되는 2단계인 데 비해 미국의 경우 주state, 카운티county, 시city·타운town·빌리지village로 이어지는 3단계이고, 각 단계의 자치정부들이 전부 경찰을 운영할 수 있어서 절대적인 수 자체가 많다.

미국에 얼마나 많은 경찰서가 있는지는 한국과 비교해보면 쉽게 이해가 간다. 한국은 국가경찰 하나만 존재해서 휴전선 이남부터 마라도까지 경찰들이 똑같은 제복을 입고 똑같은 경찰마크를 단 순찰차를 탄다. 전국 257개 경찰서, 13만 명의 경찰관이 경찰청장 한 명의 지휘하에 움직이면서 같은 시스템으로 같은 법을 집행한다. 하지만 미국은 전국 1만 7,985개 경찰서 각각이 독립적이고 자율적으로 운영된다. 경찰관 수는 50개 주에 50개 주경찰이 6만 명의 경찰관을 고용하고 있고, 3,083개 보안관사무실에서 부보안관**deputy** 18만 명, 1만 2,501개 기초자치단체 경찰서에서 경찰관 46만 명을 고용하고 있다. 이들이 다 다른 제복을 입고 다른 경찰마크를 단 순찰차를 타고 각각의 경찰서장에게 지휘를 받는다. 그래서 자녀 교육 때문에 다른 도시로 이사를 가야 한다면 소속 경찰서에 사표를 내고 이사 가는 도시의 경찰서에 새로 시험을 봐서 선발되어야 한다.

소속된 자치단체의 인구수에 따라 경찰서 규모도 다른데, 가장 큰 뉴욕경찰은 3만 6,000명인 데 비해 경찰서 전체의 73%가 경찰관 수 10인 이하의 경찰서이고, 텍사스주에는 5인 미만 경찰서가 1,200개이다. 심지어 경찰서장만 있는 1인 경찰서도 전체의 10%나 된다. 시카고가 위치한 일리노이주만 해도 주 전체에 총 877개의 경찰서가 존재하는데, 이 중 80개는 1인 경찰서이다. 인구 기준으로 보면 일리노이주 인구가 1,200만 명이고 서울 인구가 1,000만 명인데, 일리노이주에는 경찰서가 877개, 서울에는 31개가 있다.

많은 종류의 경찰

미국경찰의 또 다른 특징은 특별경찰이 많다는 것이다. 대학교, 공항, 항만, 강, 전철, 철도 등 치안환경의 특수성에 따라 일반경찰과는 다른 자체경찰을 설치·운영하는데 약 1,700개, 6만 명 규모이다. 대학교에 가면 대학경찰이 있고 공원에 가면 공원경찰이, 지하철을 타면 지하철경찰이 있다. 연방정부도 각 연방기구 산하에 경찰조직 약 50개를 두고 있는데, 예를 들어 연방의회의사당을 관할하는 의회경찰이 있고, 연방대법원을 관할하는 대법원경찰이 있다. 심지어 최고·최대 연방수사기관인 FBI도 청사를 지키는 경찰을 따로 뽑아 운영한다.

한국경찰은 일반경찰이 관할지역 내의 대학교, 지하철, 공원 등을 구분 없이 다 관리한다. 물론 지하철의 경우 지하철경찰대를 두고 있지만 일반경찰의 한 부서일 뿐이다. 철도의 경우 철도특별경찰대를 운영하지만 이들은 일반경찰처럼 무기를 휴대하지도, 철도안전법 외의 다른 법을 집행하지도 않는다. 국가중요시설이나 관공서, 병원 등 일부에서 제복을 입고 무기휴대와 범죄예방순찰을 하는 청원경찰을 두지만 역시 일반사법직무기능은 없다. 하지만 미국의 특수경찰은 일반경찰과 대등한 경찰력을 지닌다. 무기를 휴대하고 범죄예방순찰을 하며 관할지역에서 벌어지는 범죄를 수사하고 범인을 검거한다.

특수경찰을 따로 두는 이유는 첫째, 미국이란 나라 자체가 크기 때문이다. 대학교는 넓이가 조그만 마을과 맞먹고, 넓디넓은 대륙을 가로지르는 철도의 길이와 종류는 한국과는 비교가 안 된다. 공원의 면적도, 연방건물과 그에 수반하는 대지면적도 무척이나 크다. 둘째, 특수 관할지역은 치안활동의 성격이 다르기 때문에 해당 조건에 맞는 맞춤형 경찰활동이 필요하다고 생각하기 때문이다. 대학경찰의 활동이 대도시 슬럼의 경찰활동과 달라야 하고, 철도경찰이나 공원경찰도 주택가경찰과는 달라야 한다고 생각한다. 셋째, 분권에 대한 강한 의지 때문이다. 경찰을 별도로 두면 전문성은 좋아지겠지만 다른 경찰과의 정보공유나 협조가 잘 이루어지지 않아 효율이 떨어질 텐데, 분권이 최우선이라 생각하고 오히려 권력조직의 덩치가 커지는 것을 불안해한다.

상향식 경찰소식

미국은 합중국이고 연방정부가 있으며 50개의 주정부가 있다. 각 주정부는 카운티로 나뉘고, 카운티는 다시 시 · 타운 · 빌리지로 나뉘며, 주정부에는 주경찰, 카운티에는 보안관, 시정부에는 우리가 가장 많이 접하는 시경찰이 있다. 그러면 한국과 비교했을 때 주경찰이 경찰청이고 보안관이 지방경찰청이며 시경찰이 일선 경찰서가 아닐까 싶지만 전혀 그렇지 않다.

국가경찰인 한국은 경찰청을 정점으로 지방경찰청을 거쳐 경찰서로 이어지는 하향식 지휘체계인 반면 미국은 상향식이다. 주경찰과 보안관은 시경찰을 지원할 뿐 지휘감독하지 않는다. 경찰업무는 기본적으로 최하위 정부 단위인 시·타운·빌리지 소관이고, 이들이 재정문제나 효율성 차원에서 경찰을 구성하지 않거나 다른 정부 단위에 지원을 요청할 때만 상위단계인 보안관이 돕는다. 그래서 대도시인 시카고의 경찰도, 그 옆의 링컨우드라는 소도시의 경찰도 규모는 10배 이상 차이가 나지만 똑같이 독립적인 경찰이다. 두 도시가 속한 쿡카운티의 보안관도, 일리노이주의 주경찰도 이들을 지휘감독하지 못한다. 소도시의 경찰서 하나가 자체적인 경찰청이며 지방경찰청인 셈이다. 자치경찰제를 하는 다른 나라들도 쉽사리 미국 수준의 자치를 하지 못하는 이유는 통제의 필요성 때문인데, 미국은 이들만의 역사와 맞물려 이들만의 자치를 하고 있다.

치안의 주인공, 시경찰

미국에서 치안의 주인공은 기초자치단체인 시·타운·빌리지의 치안을 책임지는 시경찰이다. 시·타운·빌리지를 구분하는 특별한 기준은 없는데, 초기 도시를 설립할 때 부르던 이름을 따르기 때문으로 인구가 적어도 시라고 호칭하는 데가 있고 많아도 빌리지라고 부르기도 해서 이 명칭의 구분은 크게 의미가 없다. 시·타운·빌리지에는 정부조직이 있고 시장이나 촌장이 있으며 치안을 담당하는 경찰서가 있다. 여기에서 국가사무와 자치사무의 구분 없이 집회시위와 교통통제, 치안정보수집은 물론 일반수사업무도 한다.

경찰이 자치정부의 기능 중 하나로서 정부조직 내에 하나의 국局 또는 부部나 과課 형태로 들어가기 때문에 여러 부서 중 하나임을 뜻하는 경찰국이라는 용어를 쓴다. 일부에서 다른 용어를 쓰기도 하지만 경찰서는 폴리스 디파트먼트Police Department, 줄여서 PD라고 부른다. 관할인구가 800만 명이 넘는 대도시 뉴욕도 하나의 경찰서만 있고 인구 1만 명이 겨우 넘는 시카고 북쪽에 있는 도시 위네카도 하나의 경찰서만 있다. 한국처럼 크다고 특별시나 직할시로 분류되지 않고 크기와 관계없이 모두 다 똑같은 자치단체이다. 하지만 뉴욕이나 시카고 등 대도시는 관할지역도 넓고 인구도 많기 때문에 관리나 운영의 편의를 위해 관할지역을 뉴욕은 77개 관할구precinct, 시카고는 23개 구역district으로 나누어 각각에 구역경찰서를 둔다.

경찰서장은 보통 치프chief라고 하는데, 극히 예외적으로 뉴욕이나 시카고 같은 대도시의 경우 뉴욕은 커미셔너commissioner, 시카고는 슈퍼인텐던트superintendent라고 한다. 한국에서는 보통 대도시의 경찰서장을 소도시와 구분해서 경찰국장이라고 번역해 권한이 다른 것 같지만, 경찰서장은 경찰서의 규모와 관계없이 동등하고 협회에도 함께 참석한다.

미국에만 있는 경찰, 보안관

서부영화를 보면 카우보이모자라고도 하는, 챙이 넓고 양옆이 올라간 보안관모자stetson를 쓰고, 끝이 뭉툭한 별모양 배지를 가슴에 단 채 법의 수호자로서 많은 일을 하는 보안관이 등장한다. 황량한 마을에 나타난 무법자들로부터 마을을 보호하고 범죄자들을 잡아 가두며 순회판사가 오면 법정을 열어 재판진행을 관리하고 교수형집행까지 한다. 영어로 셰리프sheriff라고 하는 이 직책은 다른 나라에는 없어서 그 역할을 이해하기 쉽지 않다.

근대적 의미의 경찰이란 직업이 생기기 전 치안을 담당한 보안관은 교도소와 법정까지 관리하는 등 법집행의 주축으로 활약했다. 일이 많다 보니 부보안관을 두었는데, 보안관이 악당에게 총 맞아 죽으면 마을주민들은 총싸움 잘하고 용감한 사람을 골라 보안관을 맡기거나 부보안관을 보안관으로 승진시켰다. 조선시대 사또처럼 여러 일을 도맡아했던, 총 차고 말 타던 보안관이란 직업은 경찰이 엄연히 있는데도 살아남아 여전히 법집행의 큰 축을 담당하고 있다.

서부개척시대야 땅은 넓은데 인구는 적은 카운티의 관할지역에 조그마한 마을이 띄엄띄엄 있었을 뿐 시 · 타운 · 빌리지가 조성되지 않아 보안관이 유일한 법집행기관이었다. 하지만 세월이 흘러 카운티에 도시가 생기면 시정부의 관할지역 치안은 시경찰에게 우선권이 주어졌고, 보안관은 카운티에서 시경찰의 관할지역을 제외한 지역의 치안만 담당하게 되었다. 땅이 좁고 인구밀도가 높은 한국의 경우 도에서 군이나 시에 속하시 않아 도가 직할하는 땅은 없지만 미국의 경우, 특히 대규모 농업을 경영하는 시골에서는 카운티에 사람은 살지만 시 · 타운 · 빌리지가 조성되지 않아 카운티에서 모든 것을 관리하는 곳이 꽤 많다.

보안관은 경찰서장과 달리 지역주민들의 투표로 선출되며, 카운티의 행정을 총괄하는 의장**president** 산하에 있지만 의장처럼 선출직이어서 상당한 독립성이 보장된다. 즉 시경찰의 경찰서장은 주민투표로 뽑힌 시장이 임명하고 지휘하지만, 카운티는 총책임자인 의장도, 법집행 분야 책임자인 보안관도 모두 주민투표로 뽑기 때문에 조직도상 의장 밑에 보안관이 있다고 해도 의장과 보안관의 관계는 시장과 경찰서장의 관계와 많이 다르다.

그러면 보안관은 경찰이 아닐까? 결론석으로 보안관은 성찰이기도 하다. 보안관의 역할을 크게 나누면 법정관리, 치안유지, 교도소관리이다. 순찰을 하고 범인도 잡지만 핵심적인 일은 이 세 가지이다. 지금도 시골의 자그마한 카운티에 가면 보안관이 몇 명 안 되는 부보안관을 데리고 임무를 수행하는 곳이 있다. 하지만 쿡카운티처럼 인구도 많고 도시화가 많이 진행된 곳에서는 보안관 밑에 많은 인력이 있으며 경찰인력도 웬만한 시경찰보다 많다. 예를 들어 쿡카운티의 보안관은 총 6,700명이 있는데 이 중 1,200명은 경찰 분야에 근무하고, 700명은 카운티법원을 관리하며, 나머지는 카운티의 교도소수용자를 관리한다. 쿡카운티는 단일건물로는 미국에서 제일 큰 법원건물을 다운타운에 소유하고 있는데, 일반인은 법정에 들어가기 전 법정관리를 하는 부보안관에게 소지품 보안검색을 받아야 하고 법정에 들어서서도 법정 내 부보안관이 안전관리를 한다. 배심원들도 법정에 입장하거나 퇴장할 때 모두 부보안관의 안내를 받아 움직인다. 또한 한국의 법원집행관에 해당하는 서류송달, 압수물경매 등도 한다.

이렇게 다양한 업무를 총괄해야 하는 큰 카운티의 보안관은 경찰이라고만 정의하기는 힘들고, 그 정도 규모이면 경찰총책임자를 별도로 임명해 맡기는 경우가 많다. 반면 중소규모 카운티의 보안관은 법원이나 교도소 분야 일이 줄고 치안역할이 두드러져 다양한 임무 중에서도 치안을 가장 중요하게 생각한다. 그래서 주경찰, 시경찰과의 정보교류를 중요하게 여겨 경찰 관련 행사나 컨퍼런스에도 빠지지 않고 참석한다.

고속도로를 누비는 주경찰

주경찰의 명칭인 트루퍼trooper는 군대를 뜻하는 트루프troop에서 유래했다. 초창기 미국이 영토를 확장할 시기에는 준주territory에서 정식 주로 승격하기까지 한동안 주의 형태가 이루어지기를 기다리는 기간이 있었는데, 당시 준주 내 카운티의 법집행은 보안관이 했지만 준주의 외곽경비와 카운티를 넘나드는 치안은 군인이 맡았다. 기병대는 영토로 갓 획득한 준주의 전략적 요충지에 요새를 설치하고 호전적인 인디언들과 전투를 벌였다. 또한 카운티의 보안관이 죽거나 다쳐 법집행기능을 하지 못할 때 지원을 나가며 준주 전체의 안전을 보호하는 역할도 했다.

준주는 결과적으로 군이 지배하는 군령martial law하에 있었고, 준주가 안정되어 주로 승격되면 군대는 민간에 역할을 이양했다. 이때 기병대가 하던 역할을 맡은 조직이 주경찰이다. 군대가 주둔하던 요새는 자연스레 군인이 빠지고 주정부가 들어서면서 주의 수도로 성장하는 경우가 많았다. 그래서 미국지도를 보면 요새를 뜻하는 포트fort가 앞에 붙은 지명이나 이름에 포트가 들어간 주도州都가 많다.

이렇게 시작되다 보니 주경찰은 준군사조직으로서 군내세세글 많이 택했다. 주경찰보다 먼저 탄생해 치안을 맡고 있던 보안관이 지역공동체의 치안을 담당한다면, 주경찰은 주의 경계선 보호와 함께 카운티를 넘나들며 발생하는 범죄를 처리한다. 관할지역이 카운티 내로 한정된 보안관은 카운티 경계를 넘나드는 범죄를 처리할 수 없기 때문에 주경찰이 주의 경계를 넘나드는 FBI처럼 범죄를 처리하는 것이다. 지금이야 교통이 발달하고 물류이동이 많기 때문에 카운티 경계는 물론 주의 경계를 넘나드는 사건이 많지만, 말이나 마차로 이동하던 시절에는 한 번 정착한 카운티에 평생을 사는 사람이 대부분이어서 주경찰의 치안수요는 많지 않았다. 시경찰은 보안관이나 주경찰보다 지역사회 속에서 직접적인 생활치안을 하기 때문에 복장에서부터 군대 색깔을 뺀 것에 비해, 주경찰은 그럴 필요가 적어서 군복과 흡사한 제복을 입었고 자연스레 트루퍼로 불리게 되었다.

주경찰의 통솔은 주지사 산하에 경찰을 대표하는 국장**director**이 한다. 지역의 경찰서장은 직업경찰관, 즉 경찰관 경력자 중에서 뽑는 데 비해 국장은 주지사가 지명하고 주상원의 인준을 거쳐 임명되어 경찰을 전혀 경험해보지 않은 사람도 많이 뽑힌다.

주경찰은 주 전체를 관할지역으로 치안활동을 하지만 각각의 지역에 보안관이나 지역경찰이 치안을 맡기 때문에 지역치안보다는 각 도시를 관통하는 고속도로상의 치안을 맡는다. 한국이야 고속도로에서 벌어지는 범죄가 많지 않아 주목받지 않지만, 미국은 전국에 모세혈관같이 도로가 뻗어 있고, 특히 주를 관통하는 고속도로에서는 수많은 마약이나 불법무기가 이동하기 때문에 고속도로 치안이 아주 중요하다. 이 고속도로는 주정부에서 유지관리하기 때문에 주의 관할지로 분류된다. 캘리포니아주처럼 면적이 크고 범죄가 많은 일부 주에서는 아예 고속도로상의 단속이나 순찰업무만을 하는 고속도로순찰대를 별도로 둔다. 캘리포니아주 고속도로순찰대CHP, California Highway Patrol의 활약을 그린 드라마 〈기동순찰대CHiPs〉의 주인공이 바로 주경찰이다. 이외에도 지역경찰을 돕기 위해 과학수사연구소forensic lab를 운영한다든지 경찰학교police academy를 세워 자체 교육기관이 없는 경찰의 교육을 맡기도 하고 관할지역이 겹치는 범죄를 해결하기 위해 여러 경찰이 참여하는 태스크포스를 운영하기도 한다.

총기난사사건과 대학경찰

미국의 대학교는 대부분 교외에 소재해 면적이 매우 넓다. 교정을 뜻하는 캠퍼스campus란 단어도 대학교를 방문한 유럽인이 대학부지가 너무 넓어 초원이나 들판을 뜻하는 캄포campo 같다고 한 데서 유래했다. 그러다 보니 캠퍼스에서 다양한 범죄가 일어나는데 성폭력은 물론 강도나 절도, 마약흡입, 음주운전 등이 자주 발생한다. 대학경찰이 설치되어 캠퍼스를 관할지역으로 치안을 유지하기 전에는 대학교가 소재한 시경찰이 대학교의 치안을 책임졌다. 그러다 대학경찰을 별도로 설치하는 계기가 되는 사건이 발생하는데, 1966년 텍사스주립대에서 발생한 총기난사사건이 그것이다.

지금은 언론에 간혹 등장하는 교내 총기난사가 최초로 벌어진 사건으로, 2007년 버지니아공대 총기난사사건이 일어나기 전까지는 최악의 총기난사사건이자 세계 최초의 교내 총기난사사건이었다. 공대생이자 전역한 해병대원이었던 찰스 휘트먼은 조준경이 달린 소총과 M1카빈, 357매그넘 등을 손수레에 싣고 본관 옥상인 시계탑건물 28층 전망대에 올라 무차별적으로 사격해 96분 동안 15명을 죽이고 31명에게 부상을 입히는 끔찍한 범행을 저질렀으며 경찰과의 총격전 끝에 사살되었다. 그동안 대학교들은 민간경비회사와 계약해 비무장안전요원들이 주차정리나 지리안내를 하는 정도에 그쳤는데 이 사건을 계기로 법이 제정되어 캠퍼스를 치안구역으로 하는 독립된 대학경찰이 설치되었다. 하와이주, 아이다호주, 뉴햄프셔주, 오리건주 등 대학경찰을 허용하지 않는 주도 있지만, 현재 전체 대학교 중 약 75%가 대학경찰을 두고 있다.

한국의 대학교는 치안이 상대적으로 안정되고 캠퍼스가 그리 넓지 않을뿐더러 민주화운동이 한창이던 시절 경찰이 최루탄을 동반해 학생시위를 진압한 아픈 기억도 있고, 지식의 상아탑으로 여기는 공간에 제복 입은 경찰이 돌아다니는 것 자체를 반기지 않는 분위기이다. 하지만 미국의 학생들은 대학교를 선택할 때 안전문제 때문에 총기를 휴대한 정규경찰관을 둔 대학경찰이 있는지를 고려할 정도이고, 드넓은 캠퍼스에는 순찰차가 항상 돌아다니며 24시간 치안활동을 하고 있다.

대학경찰은 범인을 잡아 처벌하는 일반경찰의 치안활동보다는 학생들이 안심하고 학업에 몰두하도록 하는 것이 주목적이기 때문에 범죄예방목적의 순찰이 주요활동이고, 강력사건이 발생했을 경우에도 자체수사능력이 없는 경우가 많아 시경찰의 협조를 받는다. 대학경찰의 규모는 일반경찰서가 관할지역 주민의 인구수에 비례하듯이 재학 중인 학생 수에 비례한다. 미국에서 면적이 가장 넓은 오하이오주립대는 147명 규모의 대학경찰을, 치안이 안 좋기로 유명한 시카고 남부의 시카고대는 140명 규모의 대학경찰을 운영하고 있고, 규모가 작은 대학교 중에서도 자체적으로 대학경찰을 설치해 운영하는 경우가 있다.

학교전담경찰관은 꼭 필요할까

대학교에 대학경찰이 있다면 초 · 중 · 고등학교에도 경찰이 있을까? 치안수요가 있는 곳에 경찰이 활동하는 것은 당연하지만 치안환경의 특수성도 고려해야 한다. 미국은 캠퍼스가 워낙 넓고 일부 대학교는 다운타운 한복판에 있어 학생 외에 일반시민은 물론 마약상, 절도범, 총기범도 들락거린다. 그래서 길거리의 일반시민과 그게 다르지 않고 교육적 환경의 특수성보다는 안전이 우선시된다. 하지만 초 · 중 · 고등학교는 다르다. 학생들 나이도 어리고 학교 크기도 크지 않으며 외부노출 정도도 낮다. 교육환경의 특수성도 고려해야 하고 제복 입은 경찰이 안전감보다 불편함을 줄 수 있다. 그래서 미국의 초 · 중 · 고등학교에는 교내에 상주하지 않고 요청이 있어야 출입하는 학교전담경찰관SRO, School Resource Officer이 있다.

미국은 1950년대부터 학교전담경찰관을 두었는데, 처음에는 학생들에게 경찰과의 연대감 및 학교 내 마약, 갱단 등 범죄에 대한 경각심을 심어주는 멘토에 불과해서 경찰제복도 입지 않았다. 그러다 1970년대부터 교내 범죄 및 총기난사사건의 심각성이 공론화되면서 교육보다는 범죄진압에 중점을 두게 되었고, 사복 대신 제복을 입기 시작했다. 그래도 관할지역 경찰서에서 학교 주변을 순찰하는 게 전부였고 교문 안에서 이루어지는 일은 학교 측에 전권이 있다는 인식이 강했다. 그러나 1980년대와 1990년대에 학교폭력 및 소년범죄가 급속도로 증가하고 1990년대부터 교내에서 총기난사사건이 벌어지면서 경찰관 중 일부를 학교전담경찰관으로 지정해 학교에 배치하기 시작했다. 한국도 2012년부터 초·중·고등학교에 학교전담경찰관을 배치하기 시작했는데, 담당학교를 방문해 범죄예방교육을 실시하고 학교폭력이 발생하면 수사도 하며 교육청에서 열리는 학교폭력대책위원회도 참석한다.

학교전담경찰관의 필요성은 꾸준히 제기되지만 이를 바라보는 학교와 경찰서 간에는 관점의 차이가 있다. 학교 측은 학교전담경찰관의 존재가 교육환경에 부정적인 영향을 주고 학생들에게 학교가 안전하지 않다는 느낌을 줄 우려가 있다고 생각한다. 따라서 무장경찰관이 상주하기보다는 필요할 경우 자체적으로 보안요원 security guard(한국의 학교보안관에 해당)을 계약해 활용하면 된다고 생각한다. 보안요원은 사복 차림에 총기소유가 허용되지 않아 학생들이 두려워하지 않지만 단순한 주차정리나 외부방문자 출입안내 정도만 한다.

경찰관을 배치하기 꺼리는 이유 중에는 비용문제도 큰 몫을 차지한다. 한국과 달리 미국은 자치경찰 못지않게 교육자치 또한 발달해 교육자치구school district가 독립된 형태로 운영된다. 교육자치구에는 교육 관련 세금에 대한 징수권이 있어 특정 학교가 학교전담경찰관을 배치하고 싶을 경우 해당 지역을 관할하는 경찰에게 요청하고, 배치되는 경찰관에 대한 비용을 학교가 직접 지불하거나 소속된 교육자치구를 통해 지불한다. 비용은 시카고의 경우 시간당 46.02달러에서 65달러 정도 든다.

경찰서 측은 안전한 학교를 조성하기 위해서는 무장경찰관을 배치하는 게 가장 효과적이며, 범죄예방교육과 비행에 대한 초기대응에서 매우 중요하다고 생각한다. 또한 2012년 코네티컷주 샌디훅학교 총기난사사건, 2018년 2월 플로리다주 파크랜드고등학교 총기난사사건 등 교내 총기난사사건이 계속 발생하자 비용이 들더라도 학교전담경찰관을 배치해달라는 요청이 증가하고 있다.

경찰관 배치에 찬성하는 사람들은 학교전담경찰관이 학교의 돌발상황 대처능력을 향상시키고 총기난사와 같은 대참사를 막을 수 있다고 생각하는데, 특히 전미총기협회NRA, National Rifle Association는 미국의 모든 학교에 무장경찰관이 한 명 이상 상주해야 한다고

주장한다. 도널드 트럼프 대통령은 교내 총기난사사건을 막기 위해
교사들을 무장시키자는 발언을 했고, 실제로 텍사스주의 1,023개
교육자치구 중 172개에서 교사를 무장시키고 사격테스트를 받도록
해 화제가 되었다.

미국경찰의 고민, 주방위군

미국은 건국 초에는 주별로 주지사 지휘하에 있는 민병대militia가
있었다. 일정 연령 이상의 성인남성은 평소에는 생업에 종사하다가
전쟁이 벌어지면 개인무기를 들고 기초훈련만 받은 후 전투에 참가
했다. 영국식민지시대에 프랑스나 인디언과 싸울 때면 주지사들은
할당받은 수만큼 민병대를 보냈고, 독립 후에도 조지 워싱턴 대통
령이 내란이나 폭동을 진압할 때 민병대를 규합해 전투를 치렀다.
하지만 국가의 골격이 잡히고 외국과의 전쟁이 늘어나면서 상비군
의 필요성이 제기되었다.
　연방군이 지나치게 커지면 연방정부의 힘이 주정부를 능가한
다는 견제심리 때문에 연방상비군이 자리 잡기까지는 세월이 많이
흘러야 했고, 그사이 주별로 필요할 때마다 소집하던 민병대도 주
정부에서 급료를 지급하고 정기적으로 훈련하는 주방위군national
guard으로 발전했다. 그래서 현재 미국의 군대는 크게 연방상비군US
army과 연방예비군US army reserve 그리고 주방위군으로 나뉜다. 여

기서 연방예비군과 주방위군은 상비군이 아니고 파트타임으로 근무하는데, 생업에 종사하면서 정기적으로 훈련에 참가하는 방식이다. 예를 들어 이라크전쟁이나 아프가니스탄전쟁이 터지면 연방상비군이 주가 되어 전투에 참가하고 연방예비군도 소집되어 참가하며 간혹 주방위군도 투입 전에 집중훈련을 받은 뒤 연방군에 편입되어 참가한다. 따라서 주방위군이 보유한 무기나 훈련의 수준은 다른 나라의 정규군을 능가한다.

전투 외에도 주방위군은 자연재해나 폭동이 발생해 일반경찰로는 해결되지 않을 때 투입되기도 한다. 2005년 허리케인 카트리나가 루이지애나주를 강타했을 때 전국적으로 주방위군이 소집되어 구조현장에 투입되었다. 군의 최첨단장비와 인력을 동원해 대규모 재난을 해결하려 한 것으로, 시민들도 당연히 군이 동원되기를 원했다. 문제는 주방위군이 치안에 동원되는 경우이다.

한국은 어느 지역에 폭동이 나거나 소요사태가 벌어지면 경찰청장이 전국의 경비경찰을 소집해서 동원하니까 인원이 부족한 문제가 생기지 않는다. 또한 한국경찰은 민주화과정에서의 픽 ´씽 ´기위와 산업화과정에서의 대규모 노동집회를 막으면서 세계적인 수준의 집회관리능력을 보유하게 되었다. 무엇보다 5·18민주화운동에서의 학살 등 군사독재치하에서 벌어진 일 때문에 치안에 군대를 끌어들이는 데 대한 국민반감도 심하다.

미국은 연방경찰이 있는 것도 아니고 주경찰이 있어도 수가 많지 않으며 한 도시에서 벌어지는 폭동을 해결하고자 동등하고 독립적인 다른 지역의 경찰들을 소집하는 일도 쉽지 않다. 소집한다 한들 서로 제복도 다르고 소속도 달라서 이들을 훈련시켜 현장에 투입하는 데 시간이나 에너지가 많이 들어간다. 또한 일반인도 총을 많이 가지고 있다 보니 혹시나 있을 무장봉기에 대비한 화력의 우위도 필요하다. 이때 가장 쉽게 떠올리는 게 주방위군이다.

주방위군은 훈련도 되어 있고 무장도 좋으며 수도 많고 주지사의 지휘하에 있어 효율적인 진압이 가능하다. 영화 〈람보First Blood〉를 보면 람보의 뛰어난 전투력 때문에 보안관이 쩔쩔매고 결국은 주방위군까지 투입된다. 전직 특수부대원 한 명이 일으키는 소요 때문에 주방위군까지 투입되는 것은 지나친 설정이지만 주방위군 투입은 생각보다 자주 있는 일이다. 1967년 디트로이트폭동, 1992년 LA폭동, 2014년 미주리주 퍼거슨에서의 소요사태, 2020년 미네소타주 미니애폴리스에서 흑인 조지 플로이드의 사망으로 벌어진 전국적인 소요사태 등에서 주방위군이 동원되었다.

그래도 주방위군은 경찰이 아닌 군대이기 때문에 이들의 개입 범위는 제한적이어야 하고 동원시간도 최대한 짧아야 한다. 군대가 나타나 제압하고 간 도시는 평온한 분위기를 되찾기까지 오랜 시간이 걸리고 시민과 경찰의 관계정립에도 도움이 되지 않는다. 소도시까지 자치경찰을 운영하는 미국경찰이 치안에서 가장 아쉬운 점이 있다면 한국처럼 전국 규모로 일사분란하게 움직일 수 있는 경비경찰이 없어 그 역할을 군대인 주방위군에게 의지할 수밖에 없다는 것이다.

과거의 유산, 민간경비회사

미국은 영국으로부터 독립한 후에도 한참이나 치안을 민간에 의존할 수밖에 없었다. 1783년 처음으로 뉴욕에서 시정부가 월급을 주는 경찰관을 고용한 경찰서를 세웠지만 제대로 된 경찰서비스는 1800년대 중반부터 대도시를 중심으로 시작되었다. 그전에는 카운티별로 있는 보안관이 전부였는데 영토가 계속 확장되다 보니 이들로는 치안을 감당하기 벅찼다. 악당들이 몰려다니며 마을사람을 괴롭히고 보안관도 쏴 죽이며 열차도 폭파시키는 등 그야말로 무법천지였다. 경찰이란 조직도 없고 그나마 있는 보안관도 약하니 마을사람들은 십시일반 돈을 거둬 전문총잡이를 고용하는 등 사법정의를 스스로의 힘으로 확립해가야 했다. 특히 광대한 땅에 펼쳐져 있는 마을과 도시를 잇기 위해서는 물류가 중요했는데, 철도회사는 열차강도를 막기 위해 외부경비회사와 계약하든지 스스로 경비회사를 차릴 수밖에 없었다. 자연스레 정부기관을 능가하는 전국망과 정보력 그리고 인적자원을 보유한 거대 민간경비회사가 번창하게 되었다. 지금이야 FBI 같은 연방수사기관이 있고 각 지역별로 경찰서들이 건재하지만 말 타고 다니던 시절은 그러지 못했다.

이런 시대가 낳은 대표적인 인물로는 윌리엄 번스가 있다. 그는 당시에는 규모가 아주 작았던, 국토안보부 산하 비밀경호국에서 일하다가 능력을 인정받아 FBI국장까지 맡았고 은퇴 후에는 민간경비회사를 차려 많은 은행과 계약을 맺어 금융범죄해결 및 현금호송까지 맡았다. 당시에는 민간경비회사가 국가기능을 압도했고 수사기법개발과 정보수집 등 모든 영역을 선도했다. 그 후 국가의 틀이 잡히고 도시화가 진행되면서 자치경찰이 발전하자 민간치안이나 경비기능은 위축되었다. 그리고 과거 무소불위의 권한을 행사하며 불법이나 인권침해도 불사했는데 법체제가 정비되고 법적 제재를 받으면서 그 기세가 많이 꺾였다.

현재는 침체기를 지나 다시 공공경찰과 민간경찰이 서로 간의 역할을 분담하고 상호협조하면서 민간치안이 발달하고 있다. 미국에는 세계에서 1위를 다투는 대형 민간경비회사들이 들어와 경쟁하고 있는데, 대표적인 회사로 스웨덴에 본사를 둔 시큐리타스와 영국에 본사를 둔 G4S가 있다. 시큐리타스는 번스의 회사를 매입해 규모를 키워 현재 30만 명이 넘는 직원을 두고 있다. 2012년 영국 런던올림픽 경비를 전담한 것으로 유명한 G4S는 전 세계에 60만 명이 넘는 직원을 두고 있다.

연방건물과 주청사는 물론 수많은 대형 쇼핑몰과 빌딩들이 보안을 위해 이런 회사들과 경비용역계약을 맺고 있는데 9·11테러 이후 테러에 대한 공포가 이런 흐름을 가속화시켰다. 보안의 위험성이 곳곳에 퍼지면서 기업들의 경비수요가 증가했고, 정규경찰이 감당하기 힘든 사적 영역의 경비수요를 최첨단기술로 무장한 대형 민간경비회사들이 메우고 있다. 수적으로도 미국 전역의 경찰관이 80만 명 정도라면 민간경비는 100만 명 정도인데, 경찰관이 비번 날 부업으로 민간경비를 하는 경우도 많고, 고위직 경찰관의 경우 은퇴 후 민간경비회사의 자문역으로 취업하기를 희망한다.

민간조사관(사립탐정)

사립탐정 하면 영국의 추리소설작가 코난 도일의 소설 속 주인공 셜록 홈즈가 떠오른다. 여기서 탐정이라는 단어는 일본식 번역이고 사생활을 침해하며 파고드는 느낌이 들어 탐정보다는 민간조사관 **PI, Private Investigator**이라는 용어가 어울릴 듯싶다. 어쨌든 한국과 달리 미국에서는 민관조사관이라고 하면 실존인물이었던 앨런 핑커튼을 떠올린다.

스코틀랜드 이민자 출신인 핑커튼은 시카고경찰의 형사로 활동하다 경찰을 그만두고 1850년 미국 최초의 탐정회사를 차린다. 타고난 사건해결능력으로 유명해지면서 고용계약이 밀려들었고, 몸집을 키우다 보니 당시 어떤 정부기관보다도 뛰어난 전국적인 수사망과 정보망을 갖게 되었다. 그리고 이 정보망을 통해 입수한 정보로 에이브러햄 링컨 대통령 암살시도를 막고 대통령 경호까지 맡게 되면서 이름을 날렸다. 그러나 노동운동을 탄압하기 위해 사보타주를 유도하는가 하면 경찰배지를 본떠 차고 다니고, 현상금이 걸린 사람을 체포할 때 호송이 힘들면 현장에서 사살도 불사하면서 많은 비판을 받았다. 물론 이는 국가기능이 제대로 뿌리내리기 전 광활한 국토에 무법자들이 설치던 시대에나 가능했던 일로, 지금은 민간조사관의 위상이나 역할이 많이 축소되었다.

미국에서 근무했을 때 한국인이 찾아와 유학생 아들이 행방불명되었으니 찾아달라고 요청한 적이 있었다. 그때 주변에서 가장 많이 들은 말이 민간조사관을 고용하라는 것이었다. 노동통계국에 따르면, 2020년 미국 전체에서 활동하는 민간조사관은 4만 1,900명이다. 민간조사관이 되려면 그래도 법률지식이 필요하고 목격자들을 만나 탐문도 해야 하기 때문에 경찰관 출신, 특히 형사 출신들이 하는 경우가 많다.

민간조사관은 독립되어 활동하기보다는 정부나 기업, 로펌 등에 고용되어 사내조사관in-house investigator으로 일한다. 소송이 많은 미국에서는 소송준비에 워낙 많은 시간이 걸리고 증거수집이 무척 촘촘하며 법정에서 당사자끼리의 치열한 증거다툼에 집중하기 때문에 발품을 팔아 조사할 일이 많다. 이를 변호사가 다 할 수 없으니 외부의 탐정회사와 계약해 의뢰하거나 사내조사관을 고용해 해결한다. 검사도 비록 수사는 안 하지만 항상 재판을 준비해야 하기 때문에 기초적인 조사와 자료수집을 위해 조사관이 필요하고, 심지

어느 언론사 기자들도 범죄추적기사나 대형 사건의 재판과정을 취재할 때 민간조사관의 도움을 받는다. 범죄드라마를 보면 변호사와 민간조사관이 한 팀을 이루어 돌아다니는 모습을 많이 볼 수 있는데 생각보다 많은 영역에서 이들이 활약한다.

한국은 1977년 이후 신용정보보호법에 의해 허가받은 신용정보회사만이 특정인의 소재나 상거래관계를 조사하도록 했고 정보원이나 탐정, 그 밖에 이와 비슷한 명칭을 사용하는 것조차 금하고 있었다. 그러다가 2018년 6월 헌법재판소가 "사생활 등 개별법을 침해하지 않는 탐정업무는 당장에라도 가능하다"라고 판시했고, 이에 따라 국회가 2020년 2월 신용정보보호법에서 탐정금지조항을 삭제했다. 그래서 2020년 8월부터 한국에서도 민간인이 '탐정'이란 명칭을 단 사무소를 열 수 있게 되었다. 하지만 그동안 탐정이란 용어를 사용하지 못했을 뿐 시장에서 필요하다면 변호사가 고용하는 형식으로 포괄적 조사업무가 가능했고 소재파악이나 상거래관계 조사 등도 할 수 있었으며 실제로 해왔다. 한국에서 민간조사관 분야가 앞으로 어떻게 발전하고 어떤 모습을 띨지는 시커봐야겠지만, 현재로서는 업무의 범위와 권한, 자격 등을 규정한 법조항이 없고 역할과 업무의 범위 등에 대한 법적 근거도 명확히 마련되지 않은 상태여서 문화가 자리 잡을 때까지는 많은 시행착오가 따를 것으로 보인다.

텍사스 레인저스는
경찰일까

텍사스 레인저스**Texas Rangers**는 야구선수 추신수가 뛰었던, 텍사스 주를 연고로 하는 메이저리그 야구팀이다. 보통 그 지역 사람들이 가장 사랑하고 자랑스러워하는 것을 야구팀 이름으로 붙이기 때문에 텍사스 사람들이 얼마나 텍사스 레인저스를 사랑하는지 짐작할 수 있다. 그런데 이 텍사스 레인저스가 무엇인지 아는 사람은 드물다.

레인저스는 특정 분야에서 위법이 있는지 순찰하고 감시하는 사람을 뜻하는데 보통 국경감시원이나 삼림감시원이 많다. 어마어마한 면적의 국립공원을 62개나 운영하는 미국에서 레인저스는 공원에서 벌어지는 밀렵이나 불법취사, 불법벌목 등을 감시한다. 하지만 사법권이 없어 같은 조직 내의 다른 부서인 공원경찰에게 사건을 넘긴다. 레인저스라는 용어가 유명해진 것은 텍사스 레인저스 때문이다. 이들은 감시원과는 달리 FBI처럼 수사를 하지만 경찰과는 엄연히 다른 조직이기 때문에 경찰이라는 명칭을 사용하지 않는다.

텍사스 레인저스는 텍사스주가 멕시코에서 독립해 미연방에 가입하고 남북전쟁을 겪는 역사적인 순간마다 등장했다. 1800년대 초 텍사스는 멕시코 땅이었는데 멕시코정부가 효과적으로 관리하지 못했고, 텍사스 땅으로 들어오기 시작한 미국인들은 안전을 위해 1823년 10명의 총잡이를 텍사스 레인저스라는 이름으로 고용한다. 텍사스에 미국인 수가 늘자 이들은 독립을 요구했고 진압하려는 멕시코정부군과 충돌한다. 처음 전투를 벌인 알라모요새에서는 수적 열세로 패하지만 이후 벌어진 전투에서 승리하면서 독립한다.

독립한 텍사스공화국은 1845년 미국의 스물여덟 번째 주로 가입하는데, 10명의 자경단 수준이었던 레인저스는 알라모전투부터 텍사스주가 정식 주가 되어 주경찰이 생길 때까지 고비마다 중요한 역할을 하면서 700명으로 증가한다. 이들은 멕시코인이나 인디언과 싸울 때는 군대, 범죄자를 체포하고 처단할 때는 국가경찰 역할을 했다. 하지만 세월이 흘러 텍사스주가 자리를 잡자 지나친 권력과 석을 신압하는 과정에서 빌어신 민원편적 행위 등이 문제되면서 해체와 부활을 반복하는 부침을 겪는다. 그러다 1935년부터 텍사스주정부의 공공안전부 산하에 FBI의 텍사스주 버전 같은 주범죄수사국으로 자리를 잡았는데, '텍사스 레인저스'란 이름의 무게감과 대중적인 인기에 힘입어 이 명칭을 지금도 사용하고 있다. 텍사스 레인저스가 유명하다 보니 이들을 영웅처럼 다룬 드라마, 영화도 많은데 척 노리스 주연의 드라마 〈텍사스 레인저Walker, Texas Ranger〉, 조니 뎁 주연의 영화 〈론 레인저The Lone Ranger〉 등이 텍사스 레인저스 이야기이다.

자치와 경찰

강한 지방자치분권

각 나라의 통치구조를 보면 완전한 집권과 완전한 분권 사이 어디쯤에 있다. 완전한 집권은 중앙정부가 모든 것을 결정하는 것이고, 완전한 분권은 중앙의 기능 없이 자치정부들이 연합한 형태이다. 미국은 분권의 상징이라고 할 만큼 지방분권이 강한데, 수정헌법 10조에서 "헌법에 의해 연방에 위임되었거나 가 주에서 금기한 경우를 제외한 권한은 각 주나 인민에게 있다"라며 특별한 경우를 제외한 모든 사항을 주의 권한이라고 못 박았다. 이에 따라 각각의 주가 독립된 하나의 정부를 이루고 있으며 독자적인 헌법은 물론 군대인 주방위군도 두고 있다.

　이러한 분권의 정신은 주정부 내에서도 이어지는데 자치단체가 자율적이고 독립적으로 움직일 수 있게끔 자치분권을 부여해 지방자치의 핵심이라고 할 수 있는 치안자치와 교육자치가 일찍이 자리 잡았다. 자치입법권도 폭이 넓은데 주정부의 법률이 정한 범위를 넘어서지 않는 한에서 위반사항에 대한 과태료와 범칙금을 부과하는 조례제정이 흔하고 다양하다. 이로 인한 수익금도 자치단체의 재정으로 바로 귀속되어 재정자립도도 높은 편이다. 자치사무로 규정된 행정 분야의 폭도 넓어 주민참여도가 높고 많은 정책들이 자치단체 수준에서 실험되고 검증된다. 사법체계도 카운티정부 단위로 이루어져 주민의 투표로 선출된 검사장과 판사가 사법기능을 수행한다.

한국은 1950년 정부수립 이후 민주주의를 확립하고 대통령제하에서 부분적으로 지방자치제도를 시행하고 있지만 반만년 역사의 대부분을 통일된 왕권통치하에서 보냈다. 이에 반해 미국은 나라의 시작 자체가 한국과 사뭇 달랐다. 영국식민지시대에 유럽에서 건너온 정착민들은 인디언이나 무법자들로부터 가족을 지키기 위해 스스로 무장해야 했다. 이후 13개 주가 갖추어지자 주별로 민병대를 구성해 프랑스, 인디언과 전쟁을 했고, 식민지 세력이 강해지는 데 불안해진 영국이 1775년 민병대의 무장해제를 시도하자 독립전쟁이 시작되었다. 영국정부의 압제에 시달린 미국인에게 상비군과 중앙통제는 압제를 의미했다.

13개 주는 건국 과정에서 헌법을 기초할 때 강력한 연방정부가 아니라 느슨한 규제와 미미한 중앙통제를 원했다. 이후 하나의 통일된 나라를 세우기 위해서는 강력한 중앙정부가 필요하다는 알렉산더 해밀턴 같은 연방주의자federalist와 중앙권력이 강해지고 상비군이 커지면 힘들게 이룬 자유와 민주주의가 짓밟힐 거라는 토머스 제퍼슨 같은 반연방주의자anti-federalist가 절충을 이루어 미국의 연방헌법이 탄생하면서 강한 지방자치분권이 시작된다.

뼛속까지 자치

자치는 미국인에게 생활습관이고 몸에 익숙한 의복과도 같아서 그들의 뿌리인 영국과도 다른 미국식 자치와 제도를 많이 갖게 되었다. 보안관도 투표로 뽑고, 기소를 하는 검사장도 판결을 내리는 판사도 투표로 뽑는다. 기소도 시민 중에서 뽑힌 배심원들이 구성하는 대배심grand jury을 거쳐야 하고 유죄판결도 일단 배심원들로 이루어진 소배심petit jury을 거쳐 유죄평결이 내려져야 판사가 형량선고를 한다. 생활 곳곳에 선거가 있어 이를 통해 권력을 위임하지 않고서는 나라 자체가 작동되기 어렵다. 위임되는 권력의 순서도 사기가 사는 마을이나 도시가 먼저이고, 그다음이 카운티정부, 그다음이 주정부와 연방정부이다.

그렇다면 미국인은 살면서 얼마나 많은 투표를 할까? 투표용지를 보면 뽑아야 하는 사람이 50명을 넘는 경우도 있다. 연방 수준에서 대통령과 상·하원의원을 뽑고, 주 수준에서는 연방과 다른 시스템으로 인해 주지사와 총무장관, 법무장관, 재무장관 그리고 주의 상·하원의원 등을 뽑는다. 교육자치구도 별개로 획정되어 있어 주교육위원, 주립대위원, 지역전문대community college위원 등을 뽑고, 사법부 분야에서는 주의 대법원, 고등법원, 1심법원의 판사를 뽑는다. 카운티 수준에서는 의장, 보안관, 검사장, 재무관, 서기를 뽑고 기초자치단체의 경우 시장을 비롯해 의원은 물론 수많은 선출직 자리를 뽑는다. 그래서 일정한 곳에 거주하면 투표를 통해 선출하는 자리가 얼추 100곳이 넘는다고 한다.

이렇게 많은 사람을 어떻게 알고 뽑을까 싶지만, 충분히 알고 뽑든 모르고 뽑든 이들에게는 투표권이 주어지는 것이 민주주의이고 자치이다. 충분한 정보가 주어지지 않는 선택이라 하더라도 자기 삶과 관련된 주위의 모든 것에 선택과 결정의 기회를 갖는 것이, 비록 효율적이라 하더라도 권력이 획일화되거나 위에서 주어지는 방식보다 낫다고 생각하고 이를 자랑스러워한다.

통일된 것을 좋아하고 동일한 방식을 선호하는 한국인에게 이런 방식은 낯설고 불편하다. 주별로 헌법과 형법이 다르고 경찰도 다르다. 조그만 동네에 가도 제복이 다른 경찰이 있고 색깔이 다른 순찰차가 있으며 교통티켓 모양도, 범죄발생 시 입력하는 프로그램도 조금씩 다르다. 운전면허증도 총기소유허가증도 다르고, 쓰는 용어도 조금씩 다르다. 한 나라를 한 명의 권력자가 통치하고 일사분란하게 지휘하면 얼마나 효율적이고 편할 것이며, 경찰도 전국 어디서나 동일하고 통일되어 있으면 얼마나 효율적이고 신속하게 치안이 이루어질까. 법집행도 한 기관에서 수사와 기소는 물론 재판과 형집행도 하면 얼마나 빠르고 편할까. 하지만 미국인에게는 통일시켜 편리한 것보다 각각의 다름을 존중하는 것이 우선이고, 중앙통제로 강해지는 것보다 견제나 분산으로 독제를 막는 것이 우선이다.

이들이 생각하는 분권의 장점은 이뿐만이 아니다. 먼저 분권이 집권보다 효율적이라고 주장한다. 중앙은 전국적이고 국제적인 문제에 집중하고 지방은 지역문제에 주체적으로 대처하는 방식의 역할분담이 오히려 각자의 대응능력을 키울 수 있다. 다음으로 집권은 획일적인 데 비해 분권은 다양성과 개성을 살려 지방 간 선의의 경쟁을 유도한다. 마지막으로 자율성이 커지면 참여가 늘고 참여를 통한 다양한 실험과 혁신이 가능해지며 참여를 경험한 시민은 강해지고 이로 인해 자연히 자치의 역량은 강화된다. 그래서 경찰도 중앙집권적인 연방경찰을 갖기보다 자치정부가 주인공이 되어 자신의 경찰을 갖게 했고, 연방의 개입이나 통제는 극히 이례적인 상황에서만 별도의 법을 통해 가능하도록 해놓았다.

중앙통제 없는 경찰

자치경찰제는 미국뿐만 아니라 서구의 많은 나라에서 시행하고 있지만 안보상황이나 효율성, 경제적인 이유 등으로 국가경찰제와 함께 혼용한다. 국가경찰은 관할지역을 국가 전체로 하여 동일한 조직과 지휘체계로 일사분란하고 효율적으로 움직이는 반면, 덩치가 크고 많은 일을 하다 보니 정치권력의 이해관계에 휘둘리고 보호가 아닌 군림으로 빠질 위험이 있다. 자치경찰은 관할지역이 소속 자치정부 행정구역으로 한정돼 있어 그 지역에 집중하기 때문에 지역과 밀착된 서비스가 가능하고 국가경찰보다 훨씬 민주적이다. 그러나 자치경찰끼리 정보공유나 협조에 문제가 있고 국가적으로 대처할 테러나 안보상황에는 취약하다는 문제가 있어 대부분의 나라는 국가경찰과 자치경찰을 함께 둔다.

미국처럼 영국의 식민지였고 독립전쟁과 개척시대를 거쳤으며 6개 주와 2개 준주로 이루어진 영연방국가 호주도 연방경찰과 주경찰로 구성된 9개 경찰에 5만 명의 경찰관을 두고 있다. 또 다른 영국의 식민지였던 캐나다도 10개 주 중 온타리오주와 퀘벡주는 주경찰을 두고 있지만 나머지 8개 주는 연방경찰 관할하에 17개 지역경찰과 200개 시경찰을 두고 있어 연방경찰이 관할하는 국토는 전체의 75%에 이른다. 영국은 북아일랜드와 스코틀랜드의 경우 자체적으로 국가경찰이 있고 잉글랜드와 웨일즈도 43개 시경찰이 통합해 하나의 경찰총장 지휘하에 움직인다. 이렇듯 대다수의 나라는 국가경찰제 또는 제한된 자치경찰제를 택하고 있다.

반면 미국은 자치경찰제를 실시하는 나라들도 하지 않는,

100%에 가까운 자치경찰제를 시행하고 있다. 합중국인 나라 형태에 주, 카운티, 시·타운·빌리지로 이어지는 행정구조와 권력이 모이는 것을 싫어하는 특성이 맞물려 유례없는 자치경찰제를 이루었다. 한국의 경찰청처럼 모든 경찰을 아우르는 지휘부가 없어 시골 소도시의 미니 경찰서와 3만 6,000명 규모의 뉴욕경찰이 대등한 권한을 갖고 있고 이에 따라 봉급, 제복, 순찰차는 물론 집행하는 법도 다르다.

한국에는 국가경찰 하나만 존재하지만 미국에는 독립된 1만 8,000여 개의 자치경찰이 있다. 그런데 이들은 업무에서 지역주민들에게 책임질 뿐 보안관이나 주경찰의 지시감독을 받지 않는다. 이 점이 국가경찰 및 다른 나라의 자치경찰과 다른 점인데, 예를 들어 한국의 서울강남경찰서는 서울지방경찰청의 지시감독을 받고 서울지방경찰청은 경찰청의 지시감독을 받는다. 하지만 미국의 경우 시카고경찰은 시카고가 위치한 쿡카운티의 보안관이나 일리노이주의 주경찰에게 지시감독을 받지 않는다. 쿡카운티에는 시카고를 포함한 130여 개의 자치정부가 있으며 이들이 거의 다 각자의 경찰서를 갖고 있는데, 각각의 규모는 판이하게 다르다. 관할인구가 220만 명인 시카고경찰이 경찰인원 1만 6,000명의 대형 경찰인데 비해 교외에는 인원이 100명도 안 되는 경찰서가 많고 심지어 5인 이하 경찰서도 많다. 단순히 인원수로만 보면 한국의 파출소보다도 인원이 훨씬 적은 미니 경찰서도 많은데 지역주민이 위임한 권한을 행사하는 기관으로서 지역주민에게만 책임을 진다.

권력이 위에서 밑으로 주어지는 게 아니라 밑에서 위로 부여되는 자치경찰제의 법적 토대이자 든든한 버팀목은 수정헌법 10조이다. 이 조항을 토대로 거주민의 건강, 안전, 도덕, 복지향상을 위해 행동을 제어하고 질서를 부여할 수 있는 권한인 경찰력police power 은 연방정부가 아닌 주정부와 시민에게 부여된다고 해석한다. 자치정부의 경찰이 연방정부 눈치를 보지 않아야 온전한 자치가 이루어진다고 생각하는 것이다.

미국의 이런 특징을 보여주는 일화가 국제경찰장협회IACP, International Association of Chiefs of Police 회의에서 벌어졌다. 해마다 개최되는 이 회의는 2019년 10월 시카고에서 개최되었는데, 개최되기 전 전통적으로 민주당 성향이 강한 시카고는 공화당의 대통령인 트럼프를 비난하기 일쑤였고, 트럼프 대통령은 시카고의 치안부재를 꼬집으며 시카고경찰의 수장인 에디 존슨 경찰국장을 공개비난했다. 문제는 회의의 가장 중요한 총회에서 트럼프 대통령이 축사를 하게 되어 있다는 것이었다. 존슨 경찰국장은 공항에 대통령을 마중 나가지 않은 것은 물론이고 총회에 모습조차 보이지 않았다. 우리로서는 상상하기 힘든 광경이지만 현장에서는 충분히 있을 수 있는 일로 받아들였고, 미국을 제외한 다른 나라 경찰들만이 신기해할 뿐이었다.

자치경찰의 최종책임자, 경찰서장

경찰제복을 입은 사람이라면 경찰서장이 되어 지역의 치안을 책임지고 맡은바 일을 멋지게 해내고 싶은 마음이 있을 것이다. 경찰의 꽃은 경찰서장으로, 경찰서 관할지역의 치안책임자로서 여러 예우를 받는다. 미국과 한국의 문화가 다르기 때문에 단순비교는 힘들겠지만 국가경찰제인 한국의 경찰서장은 시장이나 노조 눈치 볼 일도 없고, 예산안 작성할 일도 의회에 나가 법안에 대한 질의나 청문을 받을 일도 없다. 반면 자치경찰제인 미국의 경찰서장은 경찰서 크기와 관계없이 자신의 경찰서 수장으로서 다양한 경찰의 수장들과 동등한 위치에 있고 경찰청 같은 상급기관이 없어 청장에게 보고할 일도 지휘통제를 받을 일도 없다.

이 중요한 직책인 경찰서장은 어떻게 뽑을까? 한국의 경우 경찰서장 임명은 철저히 경찰청장의 권한이고 선발절차 없이 총경이나 경무관 중 일정 기준에 따라 1년 임기로 발령을 낸다. 서울을 제외한 지방은 여러 번 경찰서장 발령이 가능하고 임기 중 큰 잘못이 없는 한 중간에 그만둘 일은 없다. 하지만 미국의 경우 경찰서장은 철저히 자치단체장이 임명하고 언제라도 책임을 물어 물러나게 할 수 있다. 한국이 미국의 방식을 도입하기 주저하는 이유는 경찰서장을 자치단체장이 뽑으면 정치적 임명이 되지 않을까, 자치단체장이 경찰서 승진이나 보직인사에 개입하지 않을까 하는 우려 때문이다.

미국 또한 근대적 의미의 경찰이 생겼을 때만 해도 경찰치안에 대한 전문화·직업화 수준이 낮아 경찰서장은 정치인의 희생양이 되었다. 시장이 바뀌면 아무리 경찰서장이 일을 잘하고 있더라도 하루아침에 해임되는 것이 관례였다. 심지어는 선거기간에 시장을 도와줬다는 이유만으로 경찰경력이 전무한 사람을 경찰서장에 임명하는 경우도 많았다. 하지만 사회가 다변화되고 지역치안행정이 어떻게 이루어지느냐가 지역정치인의 재선에 막대한 영향을 미치게 되면서 경찰행정의 전문화와 경찰의 사기진작 등을 이유로 오랫동안 지역의 경찰서에 몸담았던 경찰관 중에서 경찰서장을 뽑는 경우가 많아졌다. 경찰서장은 시장 눈치를 안 볼 수 없게 되어 일을 하는 데서 지역주민보다 정치인에 초점을 맞추는 경향이 생겼고, 이를 방지하고자 자치단체 내에 독립된 위원회를 구성해 경찰서장의 임명 및 평가에 관한 일을 맡기게 되었다.

경찰서장에 대한 생각은 지역사정에 따라 많이 다른데 뉴욕, LA, 시카고 등 대도시에서는 단순히 치안문제뿐만 아니라 대도시의 거대한 경찰조직을 책임질 수 있는, 거시적 행정 및 정무 감각이 있는 사람을 원하는 경우가 많다. 그래서 경찰의 규모가 클수록 지역에 익숙한 지역토박이 출신보다 전문행정경험이 있고 의회나 언론과의 관계를 잘해낼 수 있는 사람을 우선시하는 경향이 있다. 람이매뉴얼 시카고시장은 뉴욕의 치안수준이 많이 향상된 것에 자극받아 뉴욕경찰부국장과 뉴저지주 뉴어크경찰서장 경험이 있는 개리 매카시를 시카고경찰국장으로 스카우트했고, 미국에서 네 번째로 규모가 큰 텍사스주 휴스턴경찰은 능력을 인정받은 아트 아세베도 오스틴경찰서장을 스카우트했다.

대도시 교외지역이나 중소도시 중에서 치안불안이 크지 않은 지역은 정치인은 물론 지역주민도 경찰서장이 누가 되느냐에 큰 관심이 없어 경찰서장을 시장이 아닌 위원회나 시정부의 전문행정가가 경찰서의 내부승진으로 지명하는 경우가 많다. 또한 경찰서장을 교체할 만한 대형 악재가 터질 일도 드물어 10년 넘게 경찰서장을 하는 경우도 있을 만큼 임기가 길고 경찰에 대한 분위기도 우호적이어서 상대적으로 일하기 편하다.

반면 우범지역이라면 사정이 다르다. 지역경제가 나쁘기 때문에 보수는 물론 복지수준도 낮고 치안불안을 경찰 탓으로 돌리는 경우도 많아 악재가 터질 때마다 경찰서장이 바뀌기 쉽다. 시카고 남부는 평균 임기가 북부 7년에 비해 2년밖에 되지 않고, 1년에 세 번이나 경찰서장이 교체된 적도 있다. 경찰관도 여차하면 여건이 나은 다른 도시의 경찰서로 옮기려 하니 충성도가 낮고, 경찰관에 지원하려는 사람도 적어 선발조건을 낮추다 보니 경찰관 수준도 떨어진다.

규모가 아주 작은 시골 소도시는 관할인구가 매우 적고 지역주민도 이동 없이 대를 이어 한 곳에서 사는 경우가 많다. 경찰서 규모도 작고 경찰관도 지역토박이로, 동네사람들과 같은 초등학교를 다니며 어린 시절을 보냈기 때문에 그야말로 누구네 집 숟가락이 몇 개인지 알 정도로 지역주민과 가깝고, 복잡한 사건이 발생하는 일도 거의 없어 치안에 대한 전문지식보다는 지역주민과 한데 어우러지는 친화력이 중요하다. 미국은 면적이 넓고 대도시가 많지 않기 때문에 경찰서 수만 보면 이런 시골의 미니 경찰서가 압도적으로 많다.

이렇게 도시의 규모와 지역의 성격에 따라 경찰서장을 바라보는 시각이 다르지만, 이와 관계없이 경찰서장은 경찰 이외의 직업군에서는 뽑지 않고, 시장은 다른 시정업무와 달리 경찰서장의 임명에만 관여할 뿐 경찰서 운영의 독립성을 인정한다. 일반적인 자치경찰서는 경찰서장 아래 경찰부서장 한 명과 순찰부, 수사부를 두고 직원 수는 20~30명에 5단계 계급을 유지한다. 13만 명의 국가경찰을 운영하는 한국경찰은 순경부터 치안총감까지 총 11개로 구성된 계급구조를 일괄적으로 적용하지만, 미국은 뉴욕경찰 같은 대형 경찰서부터 1인 경찰서까지 편차가 큰 편이다. 순경officer, 경사sergeant, 경위lieutenant, 경감captain, 경정colonel, 팀장/구역경찰서장commander, 경찰부서장/경찰부국장deputy chief, 경찰서장/경찰국장chief이 기본적인 계급구조이지만, 조직의 크기에 따라 일부 계급을 줄여 조정한다.

한국처럼 경찰서에 속한 지구대나 파출소가 있는 것도 아니고 유치장도 카운티 단위에서 운영하니까 유치관리부서도 없다. 집회시위 관리수요가 없다 보니 경비부서도 별도로 없고 치안정보수집도 수사부서에서 병행하니 정보부서도 없다. 대부분의 치안행정이 길거리에서 순찰차로 이루어지니 지구대나 파출소의 역할을 경찰서가 한다. 명칭만 경찰서이지 인원은 한국의 지구대 정도밖에 되지 않아 조직이 단순하다. 단 규모가 작더라도 대부분의 경찰서는 일이 많은 경찰서장을 대신할 경찰부서장을 두고 있다.

경찰부서장은 경찰서장을 보좌하며 외부활동으로 바쁜 경찰서장 대신 내부행정을 책임진다. 경찰서장이 은퇴하거나 사임하면 그 자리를 물려받기도 하는데, 이목이 집중되는 경찰서장 자리가 부담스럽다며 안정적인 경찰부서장 자리를 선호하는 경우도 있고, 외부인이 경찰서장으로 채용되어서 경찰서를 떠나는 경우도 있다.

최근에는 경찰서장 선발을 공개경쟁방식으로 하는 추세인데, 자치단체행정에서 치안행정의 비중이 크기 때문에 유능한 경찰서장을 찾기 위해 엄밀한 선발절차를 두게 된 것이다. 경찰서장 자리가 비면 웹사이트에 이를 공지하고, 선발절차를 인력관리를 전문으로 하는 회사에 위탁하거나 주경찰장협회의 경찰서장선발팀에 의뢰하는 경우가 많아졌다. 이제는 경찰부서장도 틈틈이 경찰서장 공고사이트를 검색하고 학원에 다니며 인터뷰 연습도 하고 스펙도 쌓아야 한다.

한국도 최근에 경찰서장 수행능력심사제를 도입해 역량평가가 포함된 치안정책과정 같은 장기교육을 수료하면 경찰서장이 될 수 있는 자격을 부여하고, 경찰서장의 업무수행능력을 심사해 차기 경찰서장에 선발될 기회를 부여하기로 하는 등 변화를 주고 있다. 하지만 미국처럼 지원서를 제출하고 민간회사에서 실시하는 전화면접, 화상면접, 그룹인터뷰, 단독인터뷰 등을 거쳐 경찰서장이 뽑히는 모습은 여전히 낯설고 신선하다.

도시경찰과 시골경찰

미국의 교외지역은 한국과 달리 면적이 매우 넓다. 한국의 웬만한 마을 한 곳에 해당하는 면적을 한 사람이 기계로 농사짓는 경우가 많고 목장도 비교가 안 되게 넓다. 이렇다 보니 면적은 넓고 인구는 적은 자치단체가 많고 경찰서도 초미니 경찰서가 많다. 풀타임 경찰관으로 경찰서장 한 명이 전부인 곳도 있고, 아예 파트타임 경찰관 한 명만 두고 일정 시간에만 문을 여는 곳도 많다. 이것도 모자라 같은 건물에 있는 빌리지 직원이 경찰서 운영을 겸하는 곳도 있다.

이런 초미니 경찰서는 관할면적은 넓지만 인구가 적고 경찰관 수도 적어 치안활동을 할 역량이 안 되기 때문에 현지 연락사무소 정도의 역할만 하고 나머지는 소속된 카운티의 보안관에 의존하는 경우가 많다. 대도시의 경찰서는 규모도 크고 다루는 강력사건도 많아 훨씬 전문화되어 있고 경찰행정을 선도한다는 자부심이 있다. 하지만 자부심이 지나치다 보면 작은 경찰서를 무시하게 되고 경찰끼리 감정싸움이 생기기도 한다.

일반적으로 경찰이라는 직업은 다른 직업군에 비해 연대감이 강하지만, 미국에서는 경찰관이 다른 경찰서 경찰관을 체포하기도 하는데 여기에는 짓밟힌 자존심이 개입된 면도 있다. 그렇다고 모두가 큰 경찰서에 근무하는 것을 선호하는 것도 아니다. 너무 작아도 자리가 안정되지 못하고 경찰노조에 가입도 못 해 싫어하기도 한다. 시카고의 경우 위험한 남부에 있느니, 규모는 조금 작더라도 안정된 치안에 노조도 잘 자리 잡은 북부의 경찰서를 선호하는 사람이 많다.

시카고경찰, 뉴욕경찰 등 큰 경찰서는 그 규모에 맞게 그들만이 할 수 있는 역할이 있다. 대도시의 경찰은 제대로 된 치안을 하려면 갖추어야 할 과학수사연구소, 경찰견팀K9 unit, 경찰특공대SWAT, Special Weapons and Tatics 그리고 경찰학교 등을 운영하고 인근의 작은 경찰서에서 강력사건이 발생했을 때 지원하며 새로운 수사기법을 개발하는 등 경찰행정을 선도하는 역할을 하고 있다.

예를 들어 일리노이주의 경우 시카고가 속해 있는 쿡카운티에

미국 3대 대도시의 경찰

도시	경찰명칭	근무인원	창설년도	1년 예산규모
뉴욕	NYPD	3만 6,000명	1845년	60억 달러
시카고	CPD	1만 6,000명	1837년	17억 달러
LA	LAPD	1만 1,000명	1869년	10억 달러

만 130개의 경찰서가 있지만, 경찰학교를 운영하는 곳은 일리노이주경찰과 시카고경찰, 쿡카운티정부와 듀페이지카운티정부뿐이다. 따라서 쿡카운티 내의 경찰서에서 신입 경찰관을 채용해 교육시키거나 기존 경찰관의 보수교육을 할 경우 일리노이주경찰학교는 멀리 있기 때문에 시카고경찰이나 쿡카운티정부의 경찰학교와 계약을 맺어 교육을 보낸다. 또한 시카고경찰은 경찰관 수가 많아 경찰노조도 훨씬 강력하며 경찰 관련 정책변화나 경찰관 관련 이슈가 있을 때 노조위원장이 목소리를 내는데, 경찰관 수가 적어 경찰노조가 없는 대부분의 교외지역 경찰의 이익도 대변한다. 한국과 같은 강력한 국가경찰제에서는 경찰청이 모든 것을 주도하는 데 반해 미국에서는 대도시의 경찰이 이런 방식으로 리드한다.

한편 다른 나라들처럼 미국도 대도시 대부분이 강을 끼고 형성되어 있는데 그러다 보니 생기는 특이한 상황도 있다. 배를 이용한 물류가 중요해 일정 규모 이상의 도시들은 강변에 생겼고 강이 행정구역을 나누는 구분점이 되었다. 미시시피강이나 미주리강 같은 크고 긴 강이 주의 경계선이 되다 보니 대도시 중에는 하나의 생활경제공동체인데도 강을 기준으로 소속되는 주가 달라지기도 한다. 세인트루이스는 하나의 도시임에도 미시시피강을 경계로 동쪽은 일리노이주의 세인트루이스이고 서쪽은 미주리주의 세인트루이스이다. 캔자스시티는 미주리강을 기준으로 동쪽은 미주리주, 서쪽은 캔자스주이고, 수시티는 아이오와주, 네브라스카주, 사우스다코타

주로 나뉜다.

　이런 도시들은 서로 다른 주에 있어도 하나의 이름으로 불리고 하나의 생활경제공동체를 이룬다. 하지만 행정구역상 주가 다르다 보니 강을 경계로 도시를 구분하고 시정부도 별도로 운영된다. 세인트루이스의 경우, 시민의 약 70%가 사는 미주리주의 세인트루이스는 그냥 세인트루이스, 동쪽은 이스트세인트루이스라고 해서 서쪽과 구분한다. 강이 시차의 기준점이 되는 지역도 있어서 차를 타고 강을 건너 출근을 하다 보면 7시에 집에서 출발했는데 6시 반에 직장에 도착할 수도 있다.

　그러다 보니 경찰서도 각각의 시정부에 따라 세워진다. 강을 건너는 데는 차로 10분도 안 걸리지만 동쪽은 일리노이주의 이스트세인트루이스경찰이 관할하고 강 건너 서쪽은 미주리주의 세인트루이스경찰이 관할하는 것이다. 주별로 형법도 달라서 강을 사이에 두고 같은 죄라도 처벌수위가 다른 경우도 많다. 복잡하고 우스꽝스럽기도 하지만 전체적으로는 하나의 생활권이다 보니 이들은 비록 다른 제복을 입고 다른 순찰차를 타고 있어도 오랜 기간이 협업이 몸에 배어 있어 치안을 유지하는 데 문제는 없다. 서로 맺은 협정에 의해 수사도 협조가 잘되고 재난대비도 정보교류도 문제없다. 다만 모든 게 동일하고 통일된 우리 눈에 어색하고 복잡해 보일 뿐이다.

주머니사정에
민감한 자치

국가경찰은 국가가 파산하지 않는 한 구조조정되거나 감원되는 일은 없다. 경제가 나빠지고 인구가 급감한 도시라면 경찰서 정원을 조정할 수 있겠지만 국가공무원으로 정년이 보장된 경찰관이 어느 날 직장을 잃는 일은 없다. 반대로 자치경찰에게 소속 자치단체의 재정자립도는 매우 중요하다. 재정력의 차이는 치안서비스의 차이를 야기하기 때문이다.

미국경찰은 이런 문제점을 고스란히 보여준다. 자치단체의 기능 중 경찰의 치안은 매우 중요하고 실제 치안에서 악재가 발생하면 책임자인 경찰서장은 물론 시장도 정치생명이 위험해질 정도이다. 따라서 시정부 예산의 상당부분이 경찰서 운영에 소비되는데, 시카고의 경우 시정부 1년 예산 84억 달러 중 시카고경찰 예산만 17억 달러이다. 그러다 보니 시정부의 재정이 나빠지면 가장 많은 돈이 들어가는 경찰서 운영이 영향을 받을 수밖에 없다.

대도시는 경제가 나빠져도 경찰서를 없앨 지경까지 가는 경우는 드물지만, 소도시는 세수확보가 안 되면 경찰서 문을 닫고 주경찰이나 보안관과 계약해 치안을 맡기거나 근처의 시정부가 사정이 괜찮다면 계약을 하고 사정이 비슷하면 경찰서를 통합한다. 경기가 회복되어 경찰서를 다시 열기도 하지만, 다시 연다고 해도 한 번 파산을 경험한 도시는 보수적으로 운영할 수밖에 없어진다. 경찰인력도 최소한만 보유하려 하고, 그나마 있는 경찰관도 월급봉투는 얇고 순찰차는 저렴한 차종이니 능력만 된다면 더 나은 여건의 경찰서로 옮기려 해서, 결과적으로 경쟁력이 떨어지는 경찰관만 남게 된다.

미시간주의 도시 플린트는 제너럴모터스가 탄생한 자동차산업의 요람으로서 1900년대 초만 해도 미국에서 두 번째로 부유한 도시였다. 하지만 자동차산업 중심의 제조업이 침체하고 제너럴모터스가 공장을 닫으면서, 한때 20만 명이던 인구는 반 토막 나고 관련 산업들도 붕괴하기 시작해 지금은 두 번째로 가난한 도시가 되어버렸다. 세수가 줄어드니 한때 300명이었던 경찰관도 98명으로 줄어 인구 10만 명의 도시를 순찰차 9대가 순찰하면서 지키고 있다. 순찰차 한 대당 하루 평균 200건이 넘는 신고건수를 처리해야 하고, 권총강도가 발생했다는 신고를 해도 경찰관이 27시간 만에 출동하는 경우도 있을 정도로 치안시스템이 붕괴 직전이다.

2013년 파산한 미시간주 디트로이트는 미국에서 파산한 자치단체 중 규모가 가장 크다. 한때 180만 명이던 도시 인구는 68만 명까지 급감했고 건물 7만 채가 빈 채로 남았다. 수년째 경찰임금을 삭감하고 순찰차의 범죄조회컴퓨터마저 지급하지 못할 정도로 경찰예산이 줄어 파산 당시에는 살인을 포함한 범죄가 인구 800만 명의 뉴욕과 맞먹을 정도였고 범죄신고나 화재신고 후 대기시간이 전국 평균 11분보다 무려 50분이나 긴 1시간에 이르렀다. 지금은 그때보다 많이 나아졌다고 하지만 아직도 디트로이트는 치안이 불안하고 기업이 투자를 꺼려 회복에 상당한 시간이 걸릴 것 같다.

1929년 대공황 이후 가장 길었다는 2007년 경제침체는 자치경찰에 많은 영향을 끼쳤다. 이 시기에 자치정부는 경찰관을 신규임용하지 않고 계약직 민간인으로 대체하는 것을 비롯해 경찰관 월급 삭감, 순찰구역 통폐합, 헬기 처분, 수명이 다한 차량의 교체 연기, 기마경찰·싸이카팀·선박순찰대 등 비용이 많은 드는 특수부서의 폐지 등 긴축을 하며 버텼다. 이는 곧바로 치안서비스의 질에 영향을 미쳤는데 긴급신고 같은 필수서비스만 제공하면서 범죄율이 올라가는 등 지역주민이 그 피해를 고스란히 떠안았다. 치안이 나빠지자 기업투자도 위축되고 지역주민도 환경이 좋은 곳으로 빠져나가면서 침체에서 벗어나지 못하는 악순환이 계속됐다.

하지만 자치경찰이나 지역주민은 이를 자연스럽게 받아들인다. 지역주민에게 경찰은 자기 도시나 마을의 일부이다. 자신들의 경찰이란 애착이 국가경찰에 비해 훨씬 남다르기 때문에 마을 살림살이가 나빠져 경찰서가 지원을 못 받으면 자기 일처럼 가슴 아파한다. 자신들이 노력하고 형편도 나아지면 그만큼 더 경쟁력 있는 경찰을 가질 수 있다고 생각한다. 국가적으로 균일하게 치안서비스를 제공하는 국가경찰에 대해 우리가 갖는 마음과는 차이가 있다.

PART 2

우리 동네는
누가 지킬까

미국경찰이 일하는 법

따로 또 같이
움직이는 경찰

세 개의 축

미국경찰은 크게 주경찰, 보안관, 시경찰로 구분할 수 있다. 주경찰
이 먼저 생기고 이들이 보안관을 창설해 통제하며 보안관은 카운
티 내에 있는 시경찰을 통제하는 게 자연스러울 것 같지만 실제는
전혀 그렇지 않다. 창설된 순서를 보면 보안관이 먼저이고 그다음
은 시경찰, 마지막이 주경찰이다. 물론 일부 시경찰은 주경찰보다
늦게 창설되었다. 시카고가 위치한 쿡카운티를 예로 들면 보안관
이 1831년, 시카고경찰이 1837년, 일리노이주경찰이 1921년에 생
겼다. 영국식민지시대와 서부개척시대에는 치안을 보안관이 맡았
고, 도시가 들어선 후에는 시경찰이 관할지역 치안을 맡게 되었으
며, 주경찰은 도로의 발달에 따른 주 단위 범죄에 대처하고 주 단위

에서 통일된 기준을 마련하기 위해 생겼다.

상부로부터의 직접적인 지휘·통솔은 치안을 각 자치단체의 자치영역으로 보기 때문에 없다. 주정부에서는 경찰서 설치 및 직원 모집, 교육, 운영 등 전반적인 사항에 대한 가이드라인을 제시하고 준수여부를 관리감독할 뿐이다. 어느 빌리지에서 전에 없던 경찰서를 새로 열고 싶다면 경찰서 운영에 필요한 최소한의 시설, 장비를 갖추어야 되고 합당한 교육을 받은 경찰관이 배치되어야 한다. 이를 주정부의 해당 부서에 신고해야 하고 주정부는 정기적으로 검사관inspector을 파견해 경찰서 운영상황을 점검한다. 특히 경찰교육은 주정부가 정한 조건을 충족한 경찰학교에서만 할 수 있도록 되어 있다.

서부개척시대에 보안관은 유일한 법집행기관으로서 당시에는 도시가 발달하지 않아 시경찰이 없거나 미미했고 주경찰도 제 모습을 갖추기 전이었다. 하지만 사람들이 모여 도시나 타운, 빌리지를 만들면서 각각의 자치정부를 꾸리게 되었고, 각각의 자치정부는 관할지역을 법으로 인정받아 치안기능을 하는 경찰서를 갖추게 되었다. 보안관은 관할지역을 각각의 자치정부에 내주고 남은 자투리만 직접 관할하면서 직할하는 구역은 줄어들었다.

주경찰, 보안관, 시경찰은 상호보완적인 관계이고, 사람들은 자기가 사는 동네의 경제력이나 치안수요에 따라 치안을 맡길 곳을 정한다. 일리노이주의 경우 남부는 그야말로 옥수수밭과 콩밭이 펼

처진 농경지대이고 여기에 있는 카운티들은 면적은 넓지만 인구가 적어 보안관도 서부개척시대처럼 부보안관을 따로 두지 않고 혼자서 자리를 지키는 정도로만 일을 하고 있는 데도 있다. 이런 카운티에 있는 도시나 타운, 빌리지는 치안수요도 많지 않기 때문에 스스로의 경찰서를 설치할 이유도 예산도 없으며, 그렇다고 혼자 근무하는 보안관에게 부탁할 수 없어 주경찰이 맡아서 한다.

주경찰이 지역의 치안을 맡는 비율은 주별로 성향에 따라 차이가 있는데, 예를 들어 펜실베이니아주의 경우 2,500개의 자치단체가 있고 이 중 절반이 넘는 1,300개 자치단체의 치안을 주경찰이 관할하고 있다. 보안관 또한 소재한 카운티에 있는 시경찰을 관리감독하지 않으며 이들의 요청이 있거나 필요하다고 판단될 때 지원할 뿐이다. 카운티 내의 특정 도시에서 부정부패나 재정부족 등의 이유로 경찰서가 해산하면 다시 생기기 전까지는 그 지역을 맡아치안을 유지하기도 한다. 어떤 경우에는 시정부가 예산부족 또는별도로 경찰서를 운영하는 게 비효율적이라고 판단해 경찰서를 아예 설치하지 않고 보안관과 계약을 맺어 치안을 위탁하기도 한다.단 서로 간 계약조건이 맞아야 하고 최종적으로 카운티정부의 인가를 받아야 한다. 조건이 맞지 않거나 인가를 받지 못하면 해당 자치단체는 별 수 없이 주경찰에 치안을 맡길 수밖에 없다.

보안관과 달리 주경찰은 자치단체가 스스로 치안을 담당할 수없을 때 별도의 비용 없이 이를 맡도록 되어 있다. 하지만 아무래도 고속도로순찰이나 주 전체를 대상으로 하는 광역범죄를 수사하는 것 외에 생활치안과 관련한 전문성은 없기 때문에 지역치안을 제대로 하기에는 어려운 면이 있다. 그래서 대부분의 도시는 주경찰에 맡기는 것을 임시방편으로 생각하고 최대한 다른 방법을 찾으려고 한다. 작은 도시들이 연합해 하나의 통합 경찰서가 만들어지는 것이 이 때문이다.

결론적으로 주의 관할지역 내 법집행을 하는 세 개의 축은 주경찰, 보안관, 시경찰이며 지역 사정에 따라 셋 중 한 곳이 발달하면 그곳에서 법집행을 주도한다. 세 기관 중 어디에 치안을 맡길지는 주별로 특색이 있다. 일리노이주의 경우 시카고 같은 대도시는 시경찰이, 일리노이주 남부 농경지역은 카운티나 시의 규모가 크지 않아 주경찰이, 북부는 보안관이 주도한다. 몬태나주나 와이오밍주, 노스다코타주, 사우스다코타주처럼 영토는 넓고 인구는 적은 주들은 주정부가 강하지 않아 서부개척시대처럼 카운티의 보안관에 법집행을 맡기는 전통이 강하다. 인구가 적다 보니 시카고 같은 대도시도 없거니와 한국의 농촌마을 정도에 불과한 빌리지들은 보안관이 알아서 치안을 해결해주기를 바란다.

〈파고Fargo〉는 노스다코타주의 파고라는 도시에서 벌어진 실화를 바탕으로 한 영화인데 사건을 해결하는 주인공 마지는 지역의 치안을 책임지는 여성보안관이다. 또한 드라마 〈롱마이어Longmire〉는 와이오밍주 아브사로카카운티의 보안관 월트 롱마이어가 범죄를 해결해나가는 내용이다. 이렇듯 각 주의 상황에 따라, 카운티의 특성에 따라 이 세 개의 축 중 누가 치안을 맡을지 정해지고 서로를 보완할 뿐이지 국가경찰제처럼 누가 누구를 직접 관리감독하지는 않는다.

국가경찰이 없는 나라

대부분의 나라에는 그 나라를 대표하는 국가경찰이 있다. 국가경찰은 국내의 경찰행정을 주도한다. 또한 대테러 및 국가안보에 관한 중요한 기능을 하고, 인터폴에 소속 경찰을 파견하거나 해외공간에 경찰주재관을 보내며, 외국에서 주요인사가 방문할 때 경호를 맡는다. 연방국가인 멕시코, 캐나다, 호주는 연방경찰이 있는데 조직 규모에서 자치경찰을 압도한다. 멕시코 연방경찰은 직원이 4만 명이 넘고 전국에 지부를 두고 있으며 보유하는 장비도 압도적이다. 호주 연방경찰도 1만 명이 넘으며 캐나다 연방경찰도 3만 명에 가깝다. 이렇다 보니 자치경찰이 활동하고는 있지만 연방경찰에 의지할 수밖에 없다.

그러면 미국을 대표하는 경찰은 누구일까? 영화나 드라마에 많이 나오는 뉴욕경찰이나 LA경찰, 시카고경찰일까? 물론 이들이 하는 일은 다른 경찰서들의 관심사이다. 이들이 새로운 정책을 도입하면 다른 경찰서들은 따라 하는데, 뉴욕경찰이 범죄예측프로그램

compstat을 도입하니 동부의 다른 경찰서들이 따라서 도입하고, 시카고경찰이 바디카메라를 도입하니 시카고 인근의 다른 경찰서들도 도입하기 시작했다.

미국은 뉴욕경찰 같은 유명한 경찰은 있어도 국가경찰은 없다. 연방범죄를 수사하는 FBI는 연간 50억 달러가 넘는 예산과 6만 명에 달하는 인원을 거느리고 있고 미국 전역에 56개의 지부field office를 두고 있으며 해외공관에 파견까지 하지만, 어디까지나 수사기관 중 하나일 뿐 미국을 대표하는 연방경찰은 아니다. FBI 외에도 연방정부의 여러 부처에 각각의 연방법집행기관이 있지만 이들은 한정된 분야에서 연방법을 집행할 뿐이다. 이런 연방법집행기관은 종류가 너무 많아 FBI를 비롯해 마약단속국DEA, Drug Enforcement Administration, 연방보안관US marshal 등 73개나 되고 여기에서 일하는 요원을 모두 합하면 12만 명이나 된다. 인터폴 업무도 연방법무부의 인터폴 담당부서가 맡고 해외공관에도 경찰주재관 없이 국무부에서 그 기능을 수행한다. 요인경호나 테러 등 다른 나라들은 국가경찰이 수행하는 일을 각각의 연방정부 부처에 소속된 경찰들이 맡아서 한다. 분권과 견제의 원칙에 맞게, 그리고 연방정부의 주에 대한 간섭을 최소화하기 위해 부담스럽고 덩치 큰 연방경찰을 만들지 않고 각 주정부가 주도하게 하는 것이다.

이 기조는 주정부에도 반영되는데, 주경찰의 규모를 키우지 않고 자치경찰에 대한 간섭을 최소화하며 주경찰이 자치경찰을 리드하게 두지 않아 자치의 이상에 조금이라도 더 다가가려 했다. 그러다 보니 경찰행정에 관한 새로운 정책이나 흐름, 선진적 수사기법, 교육프로그램 등을 개발하고 전파하는 일을 국가경찰이 아닌 자치경찰이 주도한다. 또한 각각의 자치경찰들은 소속 지역의 인근 경찰들과 다양한 형태의 협의체를 구성해 끊임없이 회의하고 협력한다.

국가경찰이 일사불란한 조직체계를 통해 효율성과 신속성을 무기로 내세운다면 자치경찰은 현장에서의 경험을 토대로 스스로 고민하고 이를 서로 공유하면서 환경의 변화에 적응하고 대비한다. 국가경찰도 지역주민이 경찰활동을 수행하는 주민밀착형 치안활동인 커뮤니티폴리싱community policing을 통해 시민에게 다가가려 하지만, 지역공동체에 녹아드는 정도는 지역주민이 정책결정에 참여하고 세금으로 살림을 꾸리는 자치경찰과 비교조차 되지 않는다. 대장이 확실한 경찰이 국가경찰이라면, 대장이 없어도 서로 모이고 뭉쳐서 스스로 선도해가는 경찰이 자치경찰이다. 미국은 국가경찰 없이 자치경찰만으로 치안을 유지하고 있어, 자치경찰에 어느 정도의 역할과 권한을 줘야 할지 고민하는 나라들에게 많은 참고가 되고 있다.

경찰관 한 명만 있는 경찰서

미국경찰의 두드러진 특징은 작은 경찰서가 압도적으로 많다는 것이다. 10인 이하 경찰서가 전체의 약 75%이고 5인 이하 혹은 1인 경찰서도 아주 많다. 한국이 참여정부시절 준비한 자치경찰제안에 서 기초자치단체에 자치경찰을 설립하려 했는데, 반대 측의 주요논 거는 기초자치단체는 규모가 작고 이에 따라 자치경찰도 작아지기 때문에 규모의 경제 측면에서 손해라는 것이었다. 이런 관점에서 보면 한국의 자치경찰보다 더 적은 인원으로 별도의 경찰서를 만드 는 미국이 이해가 안 가지만, 이들은 인구가 조금이라도 모이면 빌 리지나 타운을 만들고 싶어 하고 여기에 그들의 경찰서를 설치하고 싶어 한다. 프랑스 정치학자 알렉시스 드 토크빌은 미국의 '타운'이 라는 자치조직에 강한 인상을 받았다. 당시에는 신세계였던 미국 사회를 둘러보고 1835년 출간한『미국의 민주주의De la democratie en Amerique』를 보면 미국 전역에 평균적으로 약 2,000명이 거주하는 타운이라는 공동체가 수없이 많았는데, 이 타운 중심의 자치가 미 국의 민주주의의 뿌리가 되었다고 진단했다.

인구가 적더라도 미국인에게 타운은 삶의 뿌리가 되기에 단 한 명이라도 제복 입은 경찰관이 있기를 원했다. 미국은 교외지역의 경우 워낙 땅이 넓고 인구가 적어 이런 미니 경찰서가 필요하다는 생각도 든다. 미니 경찰서가 가능한 이유를 분석해보면 첫째, 경찰 공권력에 대한 존중과 경찰관을 다치게 하면 받게 되는 막중한 처 벌이다. 한국이야 경찰관에게 거칠게 항의하고 위력을 가해도 공무 집행방해로 처벌하기 쉽지 않다. 반면 미국은 경찰관을 상대로 하는 범죄는 물론이고 정당한 지시에 불응하는 것도 바로 체포가 되고 처벌이 뒤따르니 한 명의 경찰관이 혼자 순찰차를 몰고 순찰을 하는 게 두렵거나 어색하지 않다. 둘째, 시스템의 힘이다. 앞서 언급한 대로 주경찰과 보안관 그리고 시경찰이 서로 돕고 협력한다. 만약 미니 경찰서 관할지역에 대형 사건이 발생하면 미리 구축해놓은 인근 경찰서들과의 협력시스템에 의해 도움을 받거나 보안관 또는 주경찰이 즉각적으로 지원한다.

한국에서는 생각조차 못 하지만 미국에는 상근하는 풀타임 경찰관이 한 명밖에 없는 경찰서가 전체의 약 10%나 된다. 이를 이해하기 위해서는 미국의 행정구조와 지리적 특성을 알아야 하는데, 자치정부의 최소 단위인 시는 미국에서는 주별로 차이는 있지만 법적으로 성인 100명만 모여도 세울 수 있다. 다큐멘터리 〈오쇼 라즈니쉬의 문제적 유토피아Wild Wild Country〉를 보면, 인도의 수행자 오쇼 라즈니쉬가 1981년부터 1985년까지 미국 오리건주 와스코카운티에 자신을 따르는 무리를 데려와 종교수행자로만 이루어진 도시를 건설하고 경찰서도 세우는 과정을 적나라하게 보여준다. 심지어 신자 중 몇 명을 뽑아 오리건주의 경찰학교에 보내 정해진 교육과정과 시험을 치르게 해 정식 경찰관이 되게 한 후 경찰관으로서 치안활동을 하게 한다. 이렇듯 미국에는 유럽에서 같은 마을이나 같은 교회에 있던 사람들이 이민을 와 자기들끼리 모여 살고 싶어 세운 작은 공동체가 많다. 이렇게 세운 도시나 타운, 빌리지에서 외부의 간섭 없이 스스로 치안을 해결하고 싶어, 돈이 많이 든다고 해도 미니 경찰서를 만들거나 경우에 따라서는 1인 경찰서라도 만드는 것이다.

듀랜드는 시카고에서 북쪽으로 약 2시간 거리에 위치한 빌리지로 인구가 1,400명밖에 안 되는 작은 마을이다. 1835년에 생겨났고 한때는 기차가 마을 앞을 지나간 교통의 요지였는데, 주민의 99%가 백인인 이 작은 마을은 독일의 한 마을 출신 사람들이 이민을 와 세웠다고 한다. 여기에도 비록 1인 경찰서이지만 엄연히 독립된 경찰서가 있다. 인구 1,400명이면 한국에서는 보통 파출소나 치안센터를 두기 마련인데, 이들은 독립된 자치정부가 있으면 독립된 경찰서도 설치할 수 있으니 극히 작은 규모라도 여건만 허락되면 자체적인 경찰서를 짓는다.

인구가 1,000명 단위인 마을은 자체적인 경찰서를 유지하는 것보다 카운티의 보안관과 계약해 치안을 맡기든지 인근 대도시의 경찰과 계약해 통합운영하는 게 돈도 절약되고 효율적이어서 보통 그렇게 한다. 하지만 규모가 작아도 재력이 된다면 주민들은 세금을 내서 경찰서를 독자적으로 운영하기도 한다. 자기들의 경찰서를 갖고 있다는 게 마을의 자랑이 되기도 하고, 대도시와는 달리 지역주민과의 소통에 중점을 두는 치안활동만으로 충분하며, 1인 경찰서로 감당이 안 될 때라도 언제든 다른 경찰서에서 지원을 받을 수 있는 협력시스템이 있기 때문이다.

듀랜드도 근처 대도시인 록퍼드에 시경찰서가 있고 소속된 위너베이고카운티의 보안관이 있으며 일리노이주경찰도 있어서 강력사건이 발생해도 해결할 수 있다. 그리고 풀타임 경찰관을 고용하는 데는 봉급, 4대보험비, 연금 등 파생비용이 많이 발생하는데 파트타임 경찰관을 고용하면 경비를 줄일 수 있다는 것도 미니 경찰서가 존재할 수 있는 이유이다.

서로 뭉치는 경찰서들

자치단체장들은 지역의 인구를 늘리고 기업을 유치해서 자치단체를 좀 더 키워보려 애쓴다. 인구가 1만 명도 되지 않는 소도시의 시장들은 이런 이유로 부동산개발업자나 기업을 좋은 조건으로 유인하고 지역주민들에게 여러 서비스를 제공하는데, 서비스 중 가장 중요한 것이 공공안전이다. 화재가 나면 빨리 불을 꺼주고 범죄가 발생하면 빨리 범인을 잡아주며 환자가 발생하면 응급구호를 해주고 재난이 나면 보호소를 제공하거나 구호품을 지급하는 시이다. 그래서 제대로 된 자치단체를 꾸리려면 계약을 통한 외부의 공공서비스보다 스스로 운영하는 자신들의 경찰서와 소방서를 갖고 싶어한다.

재난, 소방, 범죄, 응급구호가 자치정부의 가장 대표적인 임무이고 이와 관련된 신고는 모두 911지령실에서 접수한다. 지령실에서는 접수한 신고내용에 따라 순찰차를 보낼지 소방차를 보낼지 앰뷸런스를 보낼지 결정하고 지시한다. 신고건수가 적더라도 기본적으로 소방서는 불 끄는 차량도 두 대 이상은 있어야 하고 앰뷸런스도 갖추어야 한다. 문제는 돈이다. 인구가 적어 재정이 넉넉하지 않은 소도시는 대도시처럼 할 수 없어 소도시들끼리 뭉칠 수밖에 없다.

시카고 서쪽으로 약 30분 정도 차를 타고 가면 인구 1만 6,000명인 힌즈데일이 있다. 이곳 경찰서는 2010년까지만 해도 경찰관 13명에 911지령실도 갖추고 있었다. 하지만 자체 지령실을 유지하는 데 드는 비용부담이 크자 인근 12개 소도시들이 연합해 컨소시엄 형태로 운영하는 광역 911지령실에 가입하기로 결정했다. 사우스센트럴디스패치south central dispatch로 불리는 이 컨소시엄은 초창기 3개 도시가 연합해 만들었는데 인근 도시들이 참가하면서 힌즈데일까지 총 13개 도시의 연합체가 되었다. 힌즈데일이 이 시스템을 이용하는 비용은 연간 약 39만 달러인데 911지령실을 자체적으로 운영할 경우 이보다 훨씬 많은 비용이 든다고 한다. 그래서 많은 소도시들이 계산기를 두드린 끝에 이렇게 컨소시엄을 만들어 합치기 시작했고, 이 흐름은 2017년 주정부가 아예 법을 만들면서 선택이 아닌 필수가 되었다. 인구 2만 5,000명 이하인 자치단체의 정부는 독자적인 911지령실을 갖추지 못하게 해 도시들끼리 협력할 수밖에 없도록 한 것이다.

인디애나주는 카운티별로 911지령실을 2개만 설치하도록 주법으로 강제하고 있다. 카운티가 크든 작든 소속된 자치단체들은 2개만 있는 센터 중 한군데를 정해 가입해야 한다. 지령실이 사라진 지역의 주민들은 세금이 절약되어 좋을 수 있지만, 전에는 지역사정을 잘 아는 동네 사람이 911지령실 요원이어서 신고하면 바로 알아듣고 순찰차나 소방차를 보내주었는데 이제는 다른 도시의 지령실에서 하다 보니 서비스의 질이 낮아졌다고 불평한다.

합치는 것은 911지령실뿐만이 아니다. 경찰서가 제대로 된 치안서비스를 하려면 SWAT와 경찰견팀이 있어야 한다. 미국에서는 총이 흔하다 보니 범인이 총을 소지하고 있다든지 총기난사사건이 발생한다든지 영장을 집행해야 할 마약밀매범이 집에 은신하고 있다든지 해서 총격전을 하며 작전을 벌여야 할 일이 종종 있어 경찰서에 SWAT가 있어야 한다. 하지만 SWAT를 풀타임으로 운영하려면 인원이 최소한 15명은 되어야 하고 구입해야 하는 장비도 보통비싼 게 아니라서 인원이 작은 경찰서들은 자체적으로 구성할 수없다.

시카고 같은 대도시의 경찰서는 풀타임 SWAT가 있는데, 여기에 지원요청을 할 수도 있지만 거리가 멀면 이마저도 힘들어 서로 가까이 있는 소규모 경찰서들은 하나의 팀을 꾸려 파트타임으로 운영한다. 연합체에 속한 경찰서들은 소속 경찰관 두세 명을 SWAT대원으로 정해놓는데, 이들은 평소에는 순찰업무를 하다가 연합체회원 경찰서 관내에 사건이 발생하면 바로 SWAT 대원이 되어 현장에 달려간다. 그래서 SWAT를 겸직하는 경찰관은 자기 순찰차에 개인장구를 싣고 다니며 정기적으로 모여 훈련도 한다. 이렇게 미국의 자치경찰들은 스스로의 판단에 따라 다양한 분야에서 각자의 상황에 맞게 뭉치는 데 익숙해져 있다.

다양한 협력시스템

한국의 국가경찰은 중앙에서 통제하는 대규모 조직인 데다 집회 · 시위나 혼잡경비를 위한 기동부대도 상당수 보유하고 있다. 반면 미국은 집회 · 시위문화가 달라 상설부대가 없을뿐더러 규모가 작은 경찰서가 많아 범죄정보공유 외에도 자치경찰이 당면한 문제점이 많다. 인구가 200만 명이 훌쩍 넘는 시카고 같은 대도시는 경찰서도 커서 자연재해나 인질극, 대형집회 등 각종 사건사고에 독자적으로 대처할 수 있지만, 대다수의 자치경찰은 대형 사건이나 재난에 혼자 힘으로 대처할 수 있는 능력이 없다. 그래서 자치경찰들끼리 그룹이나 협회를 만들어 자주 모이고 협정을 체결해 서로 돕고 지원하는 일이 자연스러운 문화가 되어 있다. 협업을 위해 작은 규모의 경찰서들이 만든 협력시스템 중에는 일시적인 것도 있지만 별도의 조직을 만들어 상시체제로 꾸려놓고 상근직을 두고 운영하는 경우도 있다.

일리노이주 북부의 100개가 넘는 경찰서들은 북일리노이경찰경보시스템NIPAS, Northern Illinois Police Alarm System을 만들었다. 일리노이주 북부는 지형이 매우 평평하고 산은커녕 언덕도 없어 장마만 오면 홍수로 피해를 보는 경우가 잦다. 특히 1982년 미시간호 인근 지역에 대규모 홍수가 나서 피해가 심했는데 이때 소도시들의 경찰과 소방이 협력했고, 사태가 해결된 후에는 아예 이런 협력시스템을 상설화하자는 주장이 힘을 얻어 경찰경보시스템을 출범시켰다. 출범 당시에는 15개 자치경찰만 참여했지만 시스템이 제대로 시너지효과를 내면서 가입 경찰서가 증가해 현재는 100개가 넘고, 대형 집회 관리, 인질극 해결, 총기난사범 제압 등 SWAT 기능까지 추가했다.

경찰경보시스템은 회원 경찰서들이 투표로 임원진을 선출해 운영한다. 자체 911지령실까지 설치해 회원 경찰서에서 지원요청이 있으면 레벨을 1단계에서 10단계까지 나누어 분석해 출동 규모를 정하고 회원 경찰서들에게 경보와 출동발령을 한다. 회원 경찰서는 매달 경찰서 규모에 따라 회비를 납부하고 경찰서 직원 중 지원자를 받아 본부로 파견해 정기적으로 훈련을 받게 한다. 그리고 경찰서 벽면에 회원마크를 붙여놓고 웹사이트에도 회원임을 표시해놓는데, 지역주민은 물론 외부인에게 경찰서 규모는 작아도 관내에 큰일이 나면 지원받을 수 있으니 안심하라는 사인을 보내고 싶은 것이다.

이외에도 강력사건이 발생할 때 수사요원들을 지원해주기 위한 중요범죄협력시스템MCTF, Major Crime Task Force, 대형 교통사고가 났을 때를 대비한 교통사고조사협력시스템MART, Major Accident Reconstruction Team 등 다양한 분야에서 다양한 형태로 서로 간 협약 체결을 통해 구축한 협력시스템이 있다. 국가경찰이라면 아무리 사태가 커도 전국에서 쉽게 경찰관을 차출해 대처하니 무척 편한데, 자치를 위해 외부에 의존하지 않고 서로 협력하는 모습이 멋있어 보인다.

수많은 태스크포스

자치경찰의 또 다른 고민은 독립된 경찰서들이 광역화하는 범죄에 어떻게 대처하느냐이다. 한국이야 경찰서별로 관할지역이 있다고 해도 국가경찰이다 보니 범인을 쫓아 전국을 누비며 수사를 할 수 있다. 하지만 미국의 자치경찰은 주정부에서 경찰인증을 받으니 원칙적으로는 주의 경계 내에서만 경찰자격이 인정되고 주의 경계를 넘어가면 아무 힘을 쓰지 못한다. 자신의 경찰서 관할지역을 넘어 다른 경찰서 관할로 가서 수사하는 것도 상대 경찰서에 양해를 구해야 하고 수사도 제한적이다. 그러다 보니 여러 관할지역에 걸친 사건은 그 범위가 카운티 경계 내라면 카운티의 보안관에게 의지하고, 카운티를 넘는데 주의 경계 내라면 주경찰에게 의지할 수밖에 없다. 그래서 미국에는 범죄해결을 위한 태스크포스가 엄청나게 많다.

태스크포스는 크게 보안관이 주도하는 것과 주경찰이 주도하는 것으로 나뉜다. 카운티가 주도하는 태스크포스에 참여하는 자치경찰은 보안관 자격을 부여받고, 주경찰이 주도하는 태스크포스에는 주경찰관 자격을 부여받는다. 그래서 이들은 카운티나 주의 경계 내에서 자신의 소속 경찰서 관할지역을 넘어서는 수사를 할 수 있고, 덩치를 키운 태스크포스의 힘으로 자신의 힘만으로는 해결하기 힘든 사건에 대처할 수 있다.

태스크포스 중 마약이나 갱단, 살인 등 강력사건을 수사하기 위한 것은 상시로 운영하기도 하고, 대형 교통사고나 일부 특정범죄의 경우 임시로 운영하기도 한다. 대부분의 경찰서는 여러 태스크포스에 직원을 보내거나 경비를 분납하면서 참여하는데, 이는 자신의 관내에 사건이 발생했을 때 도움을 받기 위한 보험의 성격이 강하다. 하지만 이 시스템이 장점만 있는 것은 아니다.

태스크포스는 각각 운영책임자를 두는데 보안관이나 주경찰이 된다. 문제는 한국 같은 국가경찰제라면 지방경찰청에서 경찰관을 통제하고 관리할 수 있지만, 자치경찰제에서는 서로가 지시통제 관계가 아니다 보니 보안관이 구역 내 여러 자치경찰을 모아 태스크포스를 구성했다고 해도 이들을 컨트롤하기 쉽지 않다는 것이다. 각자 소속이 다르니 서로 간에 수준차이도 있거니와 운영책임자가 인사권이나 징계권을 갖고 있는 게 아니라서 운영이 익숙해질 만하면 갑자기 경찰관이 바뀌어버리고, 구성원이 말을 잘 안 듣는다 해도 이를 통제할 권한이 없다. 또한 태스크포스에 경찰관을 파견하지도 경비를 분담하지도 않은 경찰서에서 보안관이나 주경찰에 지원을 요청하면 이를 거절하기 힘들다. 태스크포스에 참여하지 않았다는 이유로 지원하지 않았다가는 카운티정부나 주정부가 언론의 질타를 받게 되니 얄미워도 지원할 수밖에 없는 것이다. 그러면 태스크포스에 열심히 참여한 다른 경찰서에서 반발하니 이 제도가 필요하기는 하나 끌고 가는 게 녹녹치 않다.

그래서 주경찰은 주경찰대로, 보안관은 보안관대로 자치경찰제를 없애고 주경찰로 통일시키든, 최소한 카운티별로라도 통일시켜야 한다고 주장한다. 하지만 아무리 작아도 자신만의 독립된 경찰서를 갖고 싶은 자치단체장들은 이를 결사적으로 반대한다. 운영이 힘들다고 해도 그것은 자신이 임명한 경찰서장이 알아서 할 일이고, 경찰이 카운티 단위나 주 단위로 통일되면 자신의 권한이 사라지니 안 될 일이며, 무엇보다 치안자치가 없는 지방자치는 아무 의미가 없다고 생각하기 때문이다.

국제경찰장협회

영화 〈우리에게 내일은 없다Bonnie and Clyde〉를 보면 1930년대를 배경으로 보니와 클라이드 커플이 미국 중남부를 종횡무진하며 무장강도와 살인을 일삼는 장면이 나온다. 이들은 차를 타고 카운티와 주의 경계를 넘나들며 범죄를 벌이는데, 범죄가 발생하는 각 지역의 경찰들은 서로 간에 소속도 다르고 범죄정보공유도 되지 않아 이들을 잡는 데 애를 먹는다. 결국 텍사스주정부에서 이들을 잡고자 전직 텍사스 레인저스를 고용해 추적하는데, 이들이 텍사스가 아닌 다른 주에 들어가자 수사권이 없어진 텍사스 레인저스는 그 지역의 경찰과 함께 움직인다.

자치경찰제에서 전국 단위로 범죄를 저지르는 범인을 추적하기 위해서는 자치경찰들끼리 정보공유가 절실할 수밖에 없다. 미국의 경찰서장들은 다양한 협회에 가입해 범죄정보를 공유하고 새로운 법을 배우며 수사기법이나 치안흐름을 파악하고 네트워크를 구축한다. 한국에서야 경찰청에서 경찰과 관련된 모든 것을 기획하고 연구해 각 지방에 내려 보내어 전국의 경찰이 같은 시스템을 사용하도록 하니 네트워크 구축이나 인적 교류를 걱정할 필요가 없지만, 미국의 수많은 자치경찰은 스스로 협회를 만들어 자주 만나고 교류해야 한다. 그래서 경찰서장들이 만드는 협회는 종류도 많고 수도 많다.

미국에서 가장 크고 역사가 오래된 협회는 국제경찰장협회이다. 영어 그대로 번역하면 경찰장이 아니라 경찰서장이라고 하는 게 맞지만, 회원 경찰서들의 규모가 워낙 다양하고 대규모 경찰서들은 호칭마저 다르니 이를 포괄하려면 경찰장이라고 해야 한다. 협회는 1800년대 말부터 대도시를 시작으로 많은 경찰서가 생겨나면서 범죄자에 대한 정보공유와 수배시스템이 필요해지자 교류를 위한 경찰장들의 협회를 목적으로 시작됐다. 1893년 5월 시카고에서 전국 51명의 경찰장이 모인 것을 시작으로 지금은 회원이 150개국에 걸쳐 3만 명이 넘는 대규모 국제협회로 성장했다. 해마다 이들은 도시를 바꿔가며 총회를 열면서 세를 과시하고 있다. 창립부터 지금까지 단순한 친목을 넘어 경찰의 치안정책과 관련된 수많은 프로그램 개발은 물론, 경찰관 복지개선과 새로운 수사기법 개발 등 많은 성과를 내며 위상을 쌓아가고 있다. 한마디로 미국경찰 전체의 문화를 선도하는 역할을 하는데, 자치에 걸맞게 주입이 아니라 제안과 유도 등 철저히 간접적인 방식으로 리드하고 있다.

이외에도 주별로 주경찰장협회가 있고, 카운티별로 카운티에 있는 경찰서의 서장들 협회가 있으며, 지리적으로 가까운 경찰서 장들끼리의 협회인 지역협회가 있다. 이 협회들은 대부분 매월 정기모임을 갖고 모이며 격월로 모임을 갖는 곳도 있다. 그래서 자치경찰의 경찰서장이 되면 기본적으로 협회 네 군데 이상의 멤버가 되고 회의에 참석한다. 성별이나 인종에 따른 협회도 있는데, 여성경찰서장들의 협회인 국제여성경찰협회IAWP, International Association of Women Police, 흑인경찰서장들의 협회인 전미흑인법집행장협회 NOBLE, National Organization of Black Law enforcement Executives 등이다.

협회별로 임원진이 있어 이들이 회장을 선출하고, 선출된 회장이 회의를 주재한다. 보통 이른 아침에 모여 간단한 커피와 샌드위치를 곁들인 조식을 먹으면서 회의를 진행하는데 자연스럽고 부드러운 분위기 속에서 서로 간에 다양한 의견을 나눈다. 회의에는 간혹 카운티의 검사가 참석해 최근의 법개정동향을 설명하고 새로운 법안에 대한 의견을 나누며 일선 경찰관들에게 바라는 내용을 전달하기도 한다. 또한 지역의 경찰서들이 운영하는 태스크포스의 팀장을 대동하고 와서 활동사항 및 개별사건에 대한 진척사항 등을 발표하기도 한다. 미국경찰은 이렇게 서로 다른 제복과 독립된 관할지역을 가진 경찰들이 협회를 통해 지속적으로 만나면서 의견과 정보를 교환한다.

출근부터
은퇴까지

경찰과 도넛

지금은 사라졌지만 한국에도 한때 군경할인제도가 있었다. 극장에 가거나 공원, 박물관에 입장할 때 군경은 할인된 가격으로 티켓을 구매할 수 있었다. 이렇게 공식적인 할인 외에도 경찰관 신분으로 얻을 수 있는 혜택이 있었지만 지금은 엄격하고 공정한 법집행에 영향을 줄 수 있는 어떠한 혜택도 금지되었다. 미국은 어떨까? FBI를 비롯한 연방법집행기관은 이를 엄격히 규제하지만 자치경찰은 경찰의 복지를 위해 경찰우대서비스에 관대하다. 그리고 시민들도 경찰의 수고에 대한 고마움을 표현하기 위해서뿐 아니라 자신의 안전을 위해서라도 경찰을 우대한다.

만화 〈심슨 가족The Simpsons〉을 보면 양손에 항상 도넛과 커피를 들고 있는 스프링필드경찰서장 클랜시 위검이 나온다. 실제로 미국경찰은 야간근무 때 졸음을 방지하고 쉽게 칼로리를 보충할 수 있어 도넛과 커피를 많이 찾는다. 가게에서는 경찰관이 많이 드나들면 잠재적인 범죄를 막을 수 있으니 경찰관에게 특정 메뉴를 무료로 제공하기도 하는데, 도넛과 커피를 무료로 제공하는 바람에 살찐 경찰관이 많아졌다는 말이 나올 정도이다. 도넛가게는 물론 피자집, 햄버거가게 등 많은 곳에서 경찰관에게 할인된 가격에 메뉴를 제공하거나 아예 시간과 메뉴를 정해서 무료로 제공한다.

이외에도 경찰관에게 혜택을 주며 특정 공간을 제공하기도 한다. 미네소타주 세인트폴에는 특정 기업이 보유한 건물의 1층에 경찰관의 쉼터로 활용되는 사무실이 있다. 이곳은 기업에서 경찰에게 무료로 제공한 공간으로, 기업은 자체경비를 고용하지 않고 이곳에 경찰관이 드나들도록 하면서 방범효과를 보고 있다. 사무실 무료제공 외에도 경찰관이 많이 이용하는 경찰우대서비스로 커터시오피서courtesy officer가 있다. 주로 독신인 경찰관은 경찰서와 가까운 아파트에 숙소를 얻고 싶어 하는 경우가 많은데, 아파트는 경찰관이 거주하면 그 존재 자체로 범죄예방효과가 있다 보니 양측의 이해관계가 맞아떨어지면서 시작된 것이다. 아파트는 경찰관에게 월세를 대폭 할인해주거나 무상으로 입주하게 해주는 대신 경찰관은 커터시오피서로서 아파트와 관련된 크고 작은 민원을 해결해주고 순찰차도 아파트주차장에 주차해 여기에 경찰관이 살고 있다는 것을 노출시키면 된다. 한국에서는 부패를 근절하고자 절대 허용되지 않는 문화가 미국에서는 상당히 폭넓게 인정되고 있으며 그 기반에는 자본주의 생리도 작용하고 있다.

경찰학교

영화 〈폴리스 아카데미Police Academy〉는 경찰과는 도저히 어울리지 않는 온갖 괴짜들이 경찰에 지원해 벌어지는 일을 다룬 코미디영화이다. 한국이 한때 그랬듯이 미국도 경찰에 대한 선호도가 낮아 지원자가 적어 자격미달인 사람이 쉽게 임용된 적이 있었고, 경제침체기에는 경찰교육에 대한 투자가 줄어 함량미달의 경찰관들이 배출되기도 했다.

자치경찰제인 미국에서 경찰교육의 책임은 각 주정부에 있다. 주정부에는 주의 관할지역 내 자치경찰의 교육과 훈련에 관한 사항을 처리하는 부서가 따로 있다. 일리노이주는 일리노이 법집행훈련 및 기준위원회ILETSB, Illinois Law Enforcement Training and Standards Board를 두고 있으며 여기에서 경찰교육기관의 설립에 대한 인허가뿐만 아니라 경찰이 되기 위한 교육과 훈련내용 및 기존 경찰관의 보수교육에 관한 기준을 정하고 이 기준을 시행하는지 점검해 위반 시 정해진 규칙에 따라 처벌한다. 또한 한국은 경찰교육을 국가가 책임지고 실시하기 때문에 비용도 국가가 부담하는 데 반해 미국의 경우 경찰교육은 주정부 소관으로, 주정부가 교육을 간접적으로 강제하는 차원에서 경찰서 교육생들이 경찰학교의 교육을 마쳐야 교육비용을 보전해준다. 이는 주정부에서 간접적으로나마 자치경찰의 치안서비스품질을 전체적으로 통제하는 기능을 한다.

일리노이주에는 위원회의 인가를 받은, 한국의 중앙경찰학교에 해당하는 신임경찰교육기관이 7곳 있는데, 주경찰이 세운 경찰학교, 자치경찰이 세운 경찰학교 중 가장 큰 시카고경찰의 경찰학교, 미국에서 가장 큰 카운티인 쿡카운티의 경찰학교 그리고 그 외에 네 군데가 더 있다. 일리노이주에서 경찰이 되려면 이 중에서 한 군데의 경찰학교에 들어가 교육을 이수해야 경찰자격증을 얻을 수 있다. 시카고경찰처럼 자체적인 경찰학교가 없는 작은 경찰서들은 신입 경찰관을 뽑아 가까운 곳에 위치한 경찰학교에 보내 최소 14주 560시간의 교육을 받게 해야 한다. 따라서 경찰학교에는 지역의 경찰서에서 보낸 경찰관들이 서로 다른, 자신의 소속 경찰서 이름이 새겨진 제복을 입고 한 교실에 앉아 수업을 받는다.

경찰학교를 졸업한 후에는 소속 경찰서 사정에 따라 추가교육 여부가 달라지는데, 원칙적으로는 현장교육field training을 12주에서 14주 정도 받아야 하고 신분도 1년 동안은 시보probationary officer 상태이다. 하지만 경제사정이 좋지 않고 인력이 부족한 경찰서들은 주정부에서 정한 필수교육을 막 마치고 온 신입 경찰관을 형식적인 현장교육만 짧게 시키고 바로 현장에 투입해버린다. 그러다 보니 교육과 경험이 충분하지 못한 경찰관들이 〈폴리스 아카데미〉처럼 현장에서 엉뚱한 사고를 치는 일이 종종 생긴다. 그래서 현장에서는 14주의 교육기간이 너무 짧으니 이를 연장해야 한다는 목소리가 높지만 주머니사정과 결부되어 있어 쉽지 않다.

주정부가 지원해주는 교육비는 주정부가 정한 최소한의 교육기간인 14주에 해당하는 게 전부이고 교육을 더 시키고 싶다면 소속 경찰서에서 비용을 추가로 지불해야 한다. 실제로 일리노이주경찰은 주경찰로서 모범을 보여야 한다고 판단해 25주 교육을 하고, 시카고경찰은 대도시의 치안환경이 워낙 복잡하고 위험해서 교육이 더 필요하다고 판단해 23주 교육을 시키고 있다. 그러나 교육기간이 늘어나면 교육비뿐만 아니라 일이 없어도 보수를 지급해줘야 해서 추가비용이 발생하고, 현장교육이라도 제대로 시키려면 현장교육인증을 받은 경찰관field training officer이 신참 옆에 붙어 꼼꼼하게 가르쳐야 하지만 인력이 부족한 상황에서 자기 일도 바쁘다 보니 교육은 형식적일 수밖에 없다. 한국은 국가가 교육을 책임지고 그 기간도 34주로 미국보다 훨씬 길지만 미국은 대부분의 경찰관이 14주 교육만 받고 현장에 투입되고 있어 법도 잘 모르면서 행동만 거칠고 자기 사생활조차 통제하지 못하는 '나쁜 경찰bad cops' 때문에 시민은 물론 경찰서도 피해를 보는 경우가 많다.

순찰차로 출퇴근

경찰서에서 신입 경찰관을 모집할 때 가장 먼저 내세우는 복지가 순찰차출퇴근제take home car이다. 말 그대로 순찰차로 출근과 퇴근을 하고, 비번 날 개인용무를 볼 때도 순찰차를 이용할 수 있다. 주경찰과 보안관이 시작한 이 순찰차출퇴근제는 지역경찰들도 많이 도입해서 지금은 경찰서의 40% 정도가 이를 실시하고 있다.

주경찰과 보안관은 지역경찰에 비해 관할지역이 훨씬 넓은데, 특히 고속도로순찰이 주임무인 주경찰은 집에서 자기 차로 사무실에 출근해 순찰차로 갈아타고 다시 관할지역까지 가려면 너무 많은 시간이 소모되니 자연스럽게 이 제도를 생각하게 되었다. 또한 순찰차로 출퇴근하고 비번 날도 순찰차를 가지고 다니면 노출시간이 늘어나 자연스럽게 방범효과도 생기고, 비록 초기차량구입비는 소수의 공용차를 이용하는 것보다 많이 들겠지만 자기 차라는 생각에 조심스럽게 타고 다녀 차량의 수명도 늘어나고 사고율도 낮아져 경제적으로도 이익이다.

지급되는 차량은 계급별로 차이가 있는데 보통 순경과 경사까지는 경찰마크가 표시된 순찰차가 지급되고 그 이상에게는 마크가 없는 차량이 지급된다. 마크가 없는 차량이라 해도 차량 내부는 같아서 업무에 필요한 무전기나 조회를 할 수 있는 노트북 외에도 경광등, 사이렌 등이 구비되어 있다. 마크가 없으면 위장근무를 하기 쉽고, 출퇴근이나 비번 날에도 표식이 없어 차량을 활용하기 훨씬 편하다. 경찰뿐만 아니라 주민들도 치안에 도움이 된다고 생각해 많은 경찰이 이 제도를 채택하고 있고 다른 공공부문 근로자들도 부러워한다. 하지만 비번 날 사복을 입은 경찰관이 순찰차를 몰고 우체국에 택배를 보내러 가는 것을 보면 세금이 낭비되는 것 같아 싫다는 사람도 있고, 경찰관 중에도 비번 날 순찰차를 몰면 완전히 쉬는 느낌이 없다며 출퇴근할 때만 이용하는 사람도 많다.

아무리 좋은 취지의 제도라고 해도 문제는 있기 마련인데, 범인이 주차된 순찰차를 훔쳐 달아나도 범인이 운행하는지 비번인 경찰관이 사복으로 운행하는지 신고접수 전까지는 구분하기 어려워 대응이 늦어질 수 있다. 또한 지급받은 순찰차의 운행을 관할지역으로 제한해놓아도 사적인 용무를 위해 관할지역을 벗어나 운행하는 경우도 있고, 주경찰이 같은 경찰인 자신을 단속하지 않을 거라는 생각에 순찰차로 출퇴근하면서 고속도로를 경광등도 켜지 않고 과속하거나, 심지어 음주운전을 하는 등 법규위반을 일삼는 경우도 있다. 간혹 인터넷에 경찰관이 다른 경찰관을 단속하는 영상이 올라오는데, 이런 몰상식한 지역경찰의 법규위반에 화가 난 주경찰이 이들을 단속한 것이다. 이런 단점이 있다 해도 경찰이 되고 나서 자기만의 순찰차를 배정받아 출퇴근까지 한다는 게 상당히 매력적이어서 경찰지원자는 지원할 경찰서를 고를 때 해당 경찰서의 순찰차 출퇴근제 운영 여부를 제일 먼저 확인하기도 한다.

길바닥 근무경력

한국은 남북한 대치상황으로 인한 보안업무, 빈발하는 집회·시위에 따른 경비업무, '민사의 형사화'에 따른 온갖 종류의 고소·고발처리 등 경찰의 업무의 종류가 다양하고 그 양도 많다. 그러다 보니 현장이 중요하다면서도 지구대나 파출소보다 경찰서나 경찰청 등 본부의 덩치를 계속 키운다. 현장에서 시민을 상대하고 중요한 초동조치를 하는 순찰부서는 본부에 치이게 마련이다. 초동조치가 중요하고 순찰경찰이 경찰의 주인공이라고는 하지만 현실은 그렇지 않은 것이다.

반면 미국은 수사부서가 처리하는 사건도 기본적으로는 일반형사법만 다룬다. 교통사고도 사망이나 중상해 등 심각한 경우를 제외하고는 현장보고서**police report**만 작성하면 된다. 본부가 클 이유가 없다 보니 순찰경찰이 압도적으로 많다. 한국이 경찰서 본서 근무자와 지구대·파출소 근무자 비율이 5 대 5라면 미국은 3 대 7이나 2 대 8이다. 수도 많고 계급별로 조직되는 경찰노조도 순경급이 가장 크며 부업도 많이 하니 현장근무를 싫어하거나 창피해할 이유가 없다.

미국경찰들끼리 사용하는 용어 중 '스트리트디그리**street degree**'라고 해서 말 그대로 길바닥 현장에서 순찰업무를 몇 년이나 했는지 비교하는 경우가 많다. 경찰서의 수장도 반드시 이 순찰업무를 경험해야 하는데 어느 정도의 스트리트디그리가 없으면 경찰서장이 될 수 없고 된다고 해도 권위가 서지 않는다. 마약범죄나 총기사건 비율이 월등히 높은 미국으로서는 이 순찰업무를 중요시하고 강화할 수밖에 없다. 대도시의 길거리는 워낙 거칠고 가끔은 총격전도 벌어져 죽거나 다치기도 하니 경찰의 사기를 진작하고 자부심도 느끼게 해야 한다. 이들을 지휘·통솔하는 경찰서장으로서는 자신도 이 거친 현장에 있었다는 점이 매우 중요하다.

순찰차는 전부 방탄일까

영화나 드라마를 보면 범인을 추격하는 순찰차가 범인의 차와 부딪히거나 전복되고, 총격전이 벌어지면 경찰관이 차 문 뒤에서 엄폐하면서 총을 쏘는 장면이 많이 나온다. 이를 보면 순찰차는 일반적인 차보다 빠르고 튼튼해야 할 것 같고, 총격전에 대비해 문도 방탄으로 되어 있어야 할 것 같다. 예전에는 세단을 선호했다면 지금은 유틸리티를 선호해 대부분의 순찰차가 유틸리티로 바뀌었다. 유틸리티는 세단에 비해 비싸지만 전장이 높아 시야확보에 용이하고 공간이 넓어 총격전에 대비한 다양한 무기나 장비를 싣기 좋으며 오프로드를 달릴 수 있다는 장점이 있기 때문이다.

미국은 사방으로 길게 뻗은 고속도로에서 추격할 일도 많고, 범인이 총을 쏘아대는 일도 많다 보니 자연스레 순찰차는 특별해야 한다. 자동차의 본고장답게 1940년대부터 대형 자동차회사들이 이런 수요를 충족하는 순찰차를 만들기 시작했다. 대표적으로 포드는 아예 모델명을 '폴리스인터셉터police interceptor'라고 붙인 자동차를 생산하고 있고 제너럴모터스나 닷지도 순찰차 버전의 차량을 생산하고 있다.

이런 차량은 추격을 위해 같은 외관의 일반적인 차보다 마력을 높이고 브레이크를 강화한다. 또한 대기시간이 많은 점을 고려해 배터리를 강화하고, 무전기나 노트북 설치를 위해 앞좌석 사이의 공간을 넉넉하게 두고 기어도 핸들기어로 바꾸는 등 법집행에 특화된 버전으로 출시한다. 일반인도 원하기만 한다면 경찰차 버전의 차를 구입할 수 있지만 법집행목적에 맞게 만들다 보니 운전자를 위한 내부옵션은 줄고, 내부구조도 경찰장비장착에 맞게 되어 있어 불편하기만 한 데다, 가격은 더 비싸니 선호하지 않을 뿐이다.

경찰서에서는 이런 차를 구입해 리노베이션을 맡긴 후 경찰마크를 붙여 현장에 투입하는데, 대형 경찰서는 자체적으로 정비소를 갖고 있어 스스로 해결하지만 중소형 경찰서는 민간업체에 개어해 맡긴다. 한국은 지구대나 파출소에 조회시스템이 있어 순찰차의 차적조회나 주민조회 등을 처리해주지만 미국은 지구대나 파출소에 해당하는 건물이 없어 그 기능을 각각의 순찰차가 해야 한다. 그러다 보니 순찰차에는 경광등과 서치라이트는 물론 무전기, 조회를 위한 컴퓨터, 심지어 와이파이를 잡아주는 장치까지 장착해야 할

게 훨씬 많다.

경찰서마다 주머니사정이 다르다 보니 넉넉한 경찰서에서는 3만 달러 차량에 2만 달러 정도의 리노베이션을 하지만 그러지 못한 경찰서는 아주 기초적인 리노베이션만 한다. 그래서 순찰차만 봐도 소속 경찰서의 주머니사정을 알 수 있다. 차 앞문 2개에는 방탄철판을 끼워 방탄문으로 만들 수 있는데 비용이 많이 들고 연료도 많이 소비되다 보니 실제 방탄문으로 개조하는 경찰서는 그렇게 많지 않다. 그래서 영화에서 순찰차 문 뒤에 숨어 총격전을 하는 경찰관은 좀 사는 지역의 경찰관이라고 볼 수 있다. 한국경찰은 전국의 모든 순찰차가 똑같으니 사소한 것으로 비교당할 일이 없지만, 미국경찰은 자기가 소속된 자치단체와 그야말로 운명공동체가 된다는 것을 순찰차에서도 느낄 수 있다.

골치 아픈 마약수사

미국은 막대한 천연자원, 끝없는 중서부 평야에서 생산되는 엄청난 곡물, 세계최강의 군사력 등 부러운 게 한두 가지가 아니다. 하지만 내부를 살펴보면 다른 나라와 마찬가지로 곪아터진 종기들이 보이는데 그중 하나가 마약중독이다. 마약이 넘쳐나고 중독자도 많다. 세상의 온갖 종류의 마약은 다 들어와 있는 것 같고 골목이나 클럽, 술집뿐만 아니라 이제는 학교와 가정에까지 들어와 있다.

도시나 지역에 따라, 그곳을 장악하고 있는 마약조직이 다루는 물건에 따라 유행하는 마약도 다른데 시카고는 멕시코의 양귀비 재배단지에서 채취한 아편을 원료로 하는 헤로인이 끊임없이 들어와 값싸게 팔리고 있어 골머리를 앓고 있다. 중독자는 처음에는 약국에서 파는 아편성분이 함유된 진통제를 접하다가 이에 중독되어 헤로인으로 갈아탄다. 보통 주사기로 팔에 약물을 주입하는데 코카인이나 다른 마약이 흥분시키고 각성시키는 데 반해 헤로인은 심장의 박동을 느리게 하고 사람을 이완시키다 심장박동을 멈추게 해 결국 사망에 이르게 한다.

시카고경찰은 헤로인이나 아편 성분 약물의 과다복용으로 생명이 위험하거나 사망한 사건을 많이 접한다. 경찰서에서는 경찰관에게 현장에 출동했을 때 환자가 살아 있을 경우 응급의료팀이 도착하기 전까지 비상조치로 사용할, 코에 뿌리는 스프레이를 지급하는데 이는 일시적으로 심장을 빠르게 뛰게 하는 효과가 있다.

범죄자만 마약을 하는 게 아니라 학생, 주부, 중산층, 농부 등 가릴 것 없이 마약을 쉽게 접하고 중독된다. 이미 사회 깊숙이 마약이 퍼져 있어 피자를 배달받듯이 마약을 주문해서 배달받기 쉬워졌고, 공공화장실에 가면 마약주사기를 버리는 통을 따로 마련해놓은 데가 많다. 이미 오랜 기간 중독된 사람은 하루 평균 50달러에서 200달러어치의 마약을 구입해 몸에 주입해야 하기 때문에 빈털터리가 되어버린다. 또한 돈을 벌어야 마약을 사고, 같은 가격이라면 좋은 마약을 사야 하며, 이 마약을 주사할 곳도 찾아야 하니 아침에 눈을 뜨면서부터 하루하루가 전쟁이 되어버린다. 정부에서 운영하는 마약치료센터가 있지만 중독자가 넘쳐나 대기번호를 받아놓고 하염없이 기다려야 할 정도이고, 설령 들어간다 해도 치료를 못 버티고 뛰쳐나오기 일쑤이다.

상황이 이렇다 보니 마약수사는 미국경찰의 숙명처럼 되어버렸다. 마약수사는 첩보를 장기간 수집해야 하니 활동범위는 넓어지고, 공급지를 급습해야 하니 무기와 인력이 필요하며, 거짓구매를 위한 현금도 있어야 하는데 이를 지역경찰이 단독으로 하는 것은 어려운 일이다. 그래서 규모가 작은 지역경찰들은 마약수사를 위해 서로 힘을 합칠 수밖에 없고, 그러다 보니 다른 어떤 분야보다 여러 기관의 수사관들이 혼합된 태스크포스가 많다. 마약단속국이 꾸리는 태스크포스도 있고 보안관이 주가 되어 꾸리는 팀도 있으며 지역경찰들의 협의체에서 꾸리는 팀도 있다. 태스크포스 중에는 상설팀도 있고 그때그때 필요에 의해 만드는 임시 팀도 있다.

지역경찰은 일정 규모의 수사관을 연방수사기관의 팀에 파견하는데, 파견된 수사관에게는 소속 경찰의 신분증 외에 별도의 연방신분증이 지급된다. 작전에 필요한 장비와 비용은 연방정부에서 지불하고 월급은 소속 경찰서에서 받는다. 연방정부 입장에서는 단독으로 팀을 꾸리기에는 인원이 모자라 지역사정에 밝은 지역경찰을 활용하는 것이 정보수집에 유리하다. 또한 연방법 집행권한만 있는 연방수사관으로서는 마약운반이 의심되는 차량을 세우고 검문할 수 있는 유용한 수단인 차량검문traffic stop 권한이 주법을 실행하는 지역경찰에만 있어 이들과 협력해야 한다.

민머리에 문신한 근육질 경찰관?

미국에서는 근육질에 머리를 빡빡 민 경찰관을 흔하게 볼 수 있다. 한국에서는 머리를 밀면 조폭처럼 보인다는 둥 조직에 불만이 있냐는 둥 여러 오해를 사지만 미국에서는 그렇지 않다. 해병대 머리처럼 짧은 머리를 선호하기도 하고 민머리에 대한 선입견도 없어 조금이라도 대머리가 될 것 같으면 아예 밀어버린다. 게다가 문신에 대한 선입견도 없어 문신 있는 경찰관도 많이 볼 수 있다. 이런 경찰관이 제복에 총과 방탄복, 테이저건으로 무장한 채 사이렌을 울리며 접근하면 잘못한 게 없어도 왠지 주눅이 든다. 하지만 미국경찰이 다 이렇지는 않다.

마초적인 스타일을 선호하는 성향 때문에 단백질 보충제를 먹어가며 웨이트를 하는 사람이 많기는 하지만, 한국경찰처럼 정기적인 체력검정이 있어 체력단련을 할 수밖에 없도록 강요하지는 않는다. 몸 관리는 어디까지나 개인의 몫이다. 패스트푸드를 먹고 가까운 길도 차로 이동하는 편이어서 관리를 하지 않으면 막 경찰관이 될 때는 토르 같았던 몸도 어느 순간 뚱보가 되어버린다.

한국경찰은 범인이나 민원인과 몸을 부딪쳐가며 일하기 때문에 현장에서 원활한 공무집행을 하려면 운동을 해야 하지만 미국경찰은 그렇지 않다. 잠재적 총기소유자인 범인과 몸싸움을 벌이려고 하다가는 큰일이 생길 수 있기 때문에 총으로 완전히 제압하고 수갑을 채운다. 그러다 보니 오히려 한국경찰보다 운동을 해야만 할 이유가 없다. 그래서 간혹 자기 몸 가누기도 힘들어 보일 정도로 뚱뚱한 경찰관도 있고 비쩍 마른 경찰관도 있다.

체력이 기준 이하라는 이유로 징계하거나 해고하기도 어려운데, 경찰노조의 반발과 차별금지법 등의 보호가 있기 때문이다. 그래서 스스로 체력관리를 할 수 있도록 인센티브를 제공하기도 한다. 경찰서 건물에 샤워시설과 피트니스시설을 갖춰주고 헬스맨들을 선발해 상금과 메달을 수여한다. 하지만 이마저도 싫다는 경찰관은 그야말로 민폐일 수밖에 없다. 시카고 같은 대도시에서야 몸이 뒷받침되지 않으면 버티지 못하니 알아서 체력관리를 할 수밖에 없지만, 교외지역으로 벗어나면 도넛을 입에 달고 살아도 근무가 가능하다.

든든한 파트너, 경찰견

한국도 애견인구가 급격히 늘면서 개를 가족처럼 여기게 되었지만, 미국은 한국보다 애완견 수도 훨씬 많고 이와 관련된 산업이나 문화도 많이 발달해 있다. 오랜 세월 인간과 생활을 같이해온 이 특별한 동물은 경찰의 치안활동에서도 많은 역할을 하고 있다. 기록에 의하면 14세기에 프랑스에서 개를 치안활동에 사용한 적이 있다고 한다. 유럽은 1800년대 말, 미국은 1900년대 초부터 본격적으로 경찰견이 등장했고, 현재 한국경찰도 경찰특공대에서 대테러 목적으로 경찰견을 보유하고 있다.

인간에 비해 최소 50배, 최대 100배의 후각을 지닌, 이 충성스럽고 용맹한 동물은 마약범죄나 총기범죄가 많고 넓은 국토를 정찰하고 수색해야 하는 미국의 치안환경에서 없어서는 안 될 존재이다. 개의 송곳니를 영어로 '케이나인canine'이라고 하는데, 발음이 비슷한 K9이라고 은어처럼 부르던 것이 이제는 경찰견을 지칭하는 용어로 굳어졌다. 독일산 셰퍼드, 벨기에산 말리노이즈, 영국산 리트리버 등이 경찰견으로 인기가 좋으며, 이 개들을 활용하는 폭은 매우 넓다. 사체나 실종자 수색은 물론이고 마약운반차량으로 의심되는 차량이나 폭발물을 수색하는 데 경찰견의 후각만 한 것이 없고, 도주하는 범인을 쫓아가 제압하는 데도 경찰견이 필요하다. 그래서 뉴욕, LA, 시카고 같은 대도시의 경찰서는 경찰견팀을 별도로 운영하고 있고, 중소도시의 경찰서에서도 서너 마리를 구입해 순찰팀에 배치한다.

경찰견은 전국의 수많은 민간경찰견훈련소에서 판매되며 여기에서 훈련도 한다. 경찰서는 경찰관 중 핸들러를 뽑아 개와 파트너를 이루어 10주 이상 합숙훈련을 시키는데, 경찰관도 주특기가 있듯이 경찰견도 목적에 따라 특화된 훈련을 받는다. 테스트를 통과하면 핸들러와 경찰견의 이름이 함께 들어간 인증서를 받을 수 있다. 훈련하는 장소나 내용은 주정부에서 통제하기도 하고 경찰서에 자유롭게 맡기기도 하지만, 연방정부에서 기준으로 정한 훈련내용에 부합하는 민간경찰견훈련소에서 훈련시켜야 사고가 발생해 소송을 당해도 구제받을 수 있다.

경찰견 비용으로는 개를 구입해 훈련시키는 초기비용으로만 약 2만 달러가 들고, 추가로 경찰견을 실을 수 있는 전용차량과 음식물구입비, 보험가입비, 의료비가 든다. 하지만 퇴직 후 연금까지 지급되는 경찰관 한 명보다 유지비용이 적게 들고 잘 활용하기만 한다면 위기상황에서 아주 효율적일 뿐만 아니라 인명구조나 수색 분야에서는 경찰견 한 마리가 경찰관 10명 몫을 하니 비용이 아깝지 않다. 게다가 기부단체에서 경찰견을 기부하기도 해서 초기구입비용을 해결할 수도 있다.

유능한 경찰견이 있으려면 유능한 핸들러가 있어야 한다. 지금이야 핸들러에 대한 대우도 좋아지고 임무에 대한 인식도 좋아졌지만, 초창기에는 개를 데리고 다니는 임무를 하찮게 여기고 개를 학대하기도 해서 이를 방지하고자 경찰견에게 핸들러보다 한 단계 위의 계급을 부여했다는 얘기가 있을 정도였다. 핸들러는 개의 수명이 짧다 보니 파트너를 잃는 아픔을 견뎌야 하는 것은 물론 경찰견이 임무수행 중 충격 등으로 죽거나 다치면 심한 스트레스를 받기도 한다. 경찰서 입장에서는 총기를 소지한 사람이 많다 보니 경찰관이 사망하는 것보다 경찰견이 소모되는 게 낫겠지만, 핸들러로서는 동료 경찰관의 죽음 못지않은 아픔을 견뎌야 하는 것이다.

마약탐지견의 경우 간혹 코로 약물을 흡입하다 부작용으로 구토하거나 실신하기도 해서 약물과다복용으로 죽어가는 환자를 살리기 위한 응급처방제를 경찰견에게 투여하는 경우도 있다. 이렇게 거친 현장에서의 임무를 계속하다가 나이가 들거나 다쳐서 은퇴하는 경찰견에게 경찰서는 경찰관과 똑같은 은퇴식을 거행해주고 핸들러에게 분양해 여생을 보내도록 배려한다.

치열한 부업경쟁

미국의 경찰관은 일반적으로 경위까지는 근무시간을 기준으로 하는 기본급 외에 각자가 일하는 만큼 초과근무수당을 받는다. 경위 다음 계급인 경감부터는 연봉계약을 맺기 때문에 그 수 경찰서에서는 추가수입을 올릴 수 없다. 경찰서는 해마다 일정액의 초과근무 예산을 책정해놓고 경찰관이 휴가나 교육 등의 사유로 결원이 생겼을 때 비번 근무자 중 지원을 받아 초과근무수당을 지급해 공백을 메운다. 지원자가 많을 경우에는 원칙적으로 근무연수가 많은 사람 우선으로 배정하고, 사람은 필요한데 지원자가 없으면 근무연수가 적은 사람부터 차출해 메운다. 추가근무수당 외에도 경찰관은 경찰서와 관계없이 밖에서 일해 수입을 올릴 수 있다.

미국경찰의 문화 중 가장 생소한 게 경찰부업이다. 영어로 '문라이팅moonlighting'이라고 하는데, 밤에 달빛 아래서 일한다고 해서 그렇다. 한국에서 경찰이 경찰제복을 그대로 입고 총도 그대로 휴대한 채 부업으로 은행경비를 한다든지 야구장경비를 하는 모습을 상상할 수 있을까? 미국의 경찰관은 부업을 참 많이 하고 열심히 한다. 부업 중에는 경찰제복을 그대로 입고 총도 똑같이 휴대한 채 순찰차를 타고 하는 경우도 많고, 사복을 입더라도 경찰배지와 총을 휴대하는 경우도 많다. 일부 주에서는 공식적으로 경찰부업을 인정하는 규정이 있거나 반대로 이를 제한하기도 하지만, 대부분의 주에서는 아무런 규정을 마련하고 있지 않아서 자연스레 각 경찰서가 자율적으로 하고 있다.

일반적으로 경찰서는 근무할 때처럼 경찰제복을 입고 경찰총기를 휴대한 채 부업을 하는 경우 일의 성격과 근무장소 등을 엄격히 제한하고 있고 사전에 반드시 허가를 받도록 한다. 또한 부업의 총시간을 제한해 너무 많은 시간을 일할 경우 피로로 인해 본업인 경찰업무에 집중하지 못하는 것을 막기도 하고, 술을 판매하거나 경찰업무와 충돌이 있는 장소에서는 부업하지 못하도록 제한을 두는 경우도 많다. 하지만 부업에 매우 관대해 제한이 거의 없는 경찰서도 있어서 경찰관이 제복을 입고 나이트클럽 앞에서 일한다든지 주일에 교회주차장에서 교통정리를 한다든지 식료품점에서 일한다든지 하는 경우도 많다.

경찰서가 경찰관의 부업에 관대한 이유는 다른 경찰서와의 경쟁 때문이다. 경찰관은 복지나 근무여건이 좋은 곳으로 몰리기 마련인데, 보수조건이 안 좋은 경찰서는 부업에 대해 유연하고 적극적인 정책을 펴서 소속 경찰관이 낮은 보수를 부업을 통해 보충하도록 한다. 또한 제복을 입은 경찰관의 노출시간이 많아지면 방범 효과도 전체적으로 좋아질 것이라는 주장도 있다. 하지만 부업이 많다 보면 자연스럽게 본업에 소홀해지고 충성도나 집중도도 낮아진다. 신고를 받아 출동했는데 평소 자신이 부업을 하는 업소라면 업무를 엄격하게 처리하기 어려워질 수 있고, 자신을 채용해줄 것을 기대하면서 관대한 처분을 내릴 수도 있다. 또한 제복 입은 경찰관이 나이트클럽이나 교회주차장에 서 있는 것을 보면 경찰이라는 직업에 대한 지역주민의 존경심도 떨어지고 경찰관 스스로도 자존감이 낮아질 수밖에 없다.

제복을 입고 송을 유내한 새 부업을 히디가 비위행위가 발생하면 감독책임에도 문제가 생긴다. 고용주인 가게주인만의 책임인지 부업을 하게 한 경찰서도 책임이 있는지, 그리고 피해자가 해당 경찰관이 본업 중인지 부업 중인지를 알고 있었는지도 따져야 해서 참으로 복잡해진다. 경찰관 고용을 원하는 사람들은 보통 경찰서에 연락하거나 경찰노조에 연락하기도 하고 개인적으로 접촉해 경찰관을 직접 고용하기도 하는데, 경찰서나 노조를 거치는 경우에는 그래도 근무조건이나 근무장소가 어느 정도 걸러지기 때문에 좋은 점도 있지만, 부업 비수기에 부업을 하고 싶어 하는 경찰관은 많고 고용수요는 적을 때는 부업업무를 담당하는 사람들이 자신에게 잘 보이는 경찰관에게만 부업을 할당해주는 갑질을 하기도 한다.

그래도 경찰관에게 부업은 매력적이어서 부업거리가 많은 경찰서를 선호하는 편이다. 특히 메이저리그나 NFL의 경기장을 관내에 두고 있는 경찰서는 시즌이 열리면 경기장경비 특수를 누린다. 각 구단별로 홈구장경비를 위해 경찰관을 고용하는데 경기장도 크고 교통정리부터 경기장 내 질서유지까지 경비인원도 많이 필요하기 때문에 관할 경찰서 근무자로는 턱없이 부족해지기도 한다. 그래서 관할 경찰서는 인근 경찰서에 필요한 인원수와 근무장소, 시간 등을 정해 공지하고 지원자를 받아 배치한다.

여러 경찰서에서 각각의 소속 경찰서 제복을 입고 모이기 때문에 경기장경비를 하는 경찰관들 복장을 보면 미국이 그야말로 자치경찰의 나라라는 것을 실감하게 된다. 게다가 경찰관이 좋아하는 인기 팀의 경기라도 열리면 경기장 내부경비를 하면서 좋은 자리에서 무료로 경기를 볼 수 있으니 경기장 내부경비 자리는 인기가 무척 많고 이곳을 배정받으려는 경쟁도 치열하다. 경기장을 관할하는 경찰서 소속 경찰관은 부업을 밖에서 구하려고 애쓸 필요도 없고 좋은 자리는 우선 차지할 수 있어 일석이조이다.

이상한 과태료 부과

한국에서 자치경찰제 도입을 반대하는 이유 중 하나는 재원부족이다. 자치경찰제를 시행하는 데서 자치사무를 담당하는 경찰관을 국가직 신분으로 유지하고 국가예산을 많이 투입하기로 한 것은 자치단체의 재원부족을 고려했기 때문이다. 지방자치가 제대로 운영되기 위해서는 자체 재원 중심의 재원조달이 안정적으로 이루어져야 하는데 재정자립도가 극히 낮은 자치단체로서는 중앙정부를 바라볼 수밖에 없다. 그래서 자치경찰을 설치해 자치단체장하에 두면 인건비부터 장비구입비까지 재원을 어떻게 조달할지 문제가 생기는 것이다.

미국의 경우 과태료나 범칙금을 부과할 수 있는 조례의 제정이 주법이 정한 범위 내에서 자유롭고 흔하게 이루어진다. 조례의 종류도 다양해 애완견관리, 공원에서의 술병소지, 위험한 쓰레기의 처리, 총기소유, 무등록차량운전 등 생활밀착형 규정을 다루고, 이를 위반하면 경범죄에 해당해 과태료나 재산형을 부과한다. 과태료는 티켓의 유죄인정plea guilty란에 체크하고 해당하는 벌금을 은행을 통해 납부하면 끝이다. 생활밀착형 범죄를 국가시스템이 아닌 자치시스템으로 집행하니 자치단체의 행정집행력이 강화된다. 또한 이로 인한 수익은 바로 자치단체의 재원이 되니 재정에도 숨통이 트인다.

시정부 예산의 평균 1.2%는 교통경찰의 단속을 포함한 티켓 발부로 인한 수입에서 나온다. 하지만 편차가 심해 시정부 예산이 넉넉하지 않은 빈곤한 지역의 경우 예산의 20%까지 나온다고 하니, 자신이 사는 지역에 따라 단속의 부담이 천차만별이다. 시정부의 재정이 넉넉하지 못하면 간혹 티켓벌금으로 인한 수입을 늘리고자 시정부가 소속 경찰서에 티켓 발부를 더 많이 하도록 압력을 행사하기도 한다.

2014년 8월 미주리주 퍼거슨에서 경찰관이 비무장상태인 흑인 청년 마이클 브라운을 쏴 사망케 한 일로 대규모 흑인폭동이 발생해 주방위군까지 동원되어 사태를 진압해야 했다. 이후 시정부의 재정 운영에 대한 대대적인 감사가 있었는데, 조사결과 시정부의 재정수입을 늘리기 위해 경찰서에 티켓 발부를 압박했고 이로 인해 가난한 흑인들에 대한 경범죄 티켓 발부가 급격히 증가했다는 사실이 밝혀졌다. 경찰이 가난한 흑인을 대상으로 빈번하게 티켓을 발부해 지역의 갈등을 일으켰고, 이러한 갈등이 폭동의 원인을 제공한 것이다.

보험 드는 경찰관

다른 어떤 직업보다 제복을 입은 경찰관은 일거수일투족이 노출된다. 시민과의 접촉도 많아 별의별 일이 다 생기는데 이 과정에서 상대방은 물론 제3자에게 피해가 생기는 일도 잦다. 순찰차가 급히 출동하다가 신호를 위반해 다른 차량과 부딪쳐 차는 물론 사람을 다치게 한다든지, 의욕이 넘치는 신참이 상대를 혼동해 애먼 사람을 체포한다든지, 테이저건을 임산부에게 발사해 태아가 유산된다든지, 체포과정에서 지나친 물리력 사용으로 상대가 장애가 생길 정도로 심하게 다치거나 심지어 사망에까지 이르게 한다든지…. 문제는 각 사안이 경찰관 개인의 책임인지 경찰서의 책임인지 경계가 불분명한 경우가 많다는 것이다.

경찰서가 지는 책임의 범위를 넓히면 재정부담이 커지는 것은 물론 경찰관의 행동이 방만하고 무책임해질 수 있고, 범위를 좁히면 경찰관이 위축되고 적극적인 법집행이 힘들어진다. 해당 행동이 통상적인 업무수행에서 충분히 생길 수 있는 일인지 범주를 벗어난 예측불가의 비이성적인 일인지를 판단하면 되지만, 현실적으로는 이를 판가름하기 쉽지 않다. 그래서 대도시에서는 시민이 시정부와 경찰관을 상대로 소송을 많이 하는데, 경찰노조가 시정부와 단체협상을 해 경찰관이 매뉴얼을 어긴 부분에 대한 손해배상까지 시정부에서 책임지도록 계약을 맺기 때문에 성질편 개인의 손해배상은 하는 경우는 거의 없다. 하지만 경찰서 규모가 작고 경찰노조도 없는 경우에는 경찰관 개인이 해결해야 한다. 그래서 이 같은 상황에 대비하기 위해 경찰관 개인이 보험을 드는 경우가 많다.

최근 시카고에서는 경찰의 공권력 과다사용으로 인한 소송 때문에 시정부의 재정에 큰 부담이 생기는 것은 물론 경찰노조와의 단체협상 때문에 시정부가 경찰관 개인의 손해배상 부분까지 책임지다 보니 경찰관의 공권력 과다사용에 대한 뒤처리를 세금으로 충당하는 악습이 생겨 개선을 요구하는 목소리가 높아지고 있다. 경찰관이 소송을 두려워해 임무수행에 너무 소극적이면 안 되지만 그렇다고 천문학적인 돈이 들어가는 사고를 치고도 정작 1원 한 푼 책임지지 않으니 도덕적 해이까지 발생한다는 것이다. 그래서 경찰노조와의 단체협상에서 시정부가 경찰관의 손해배상액을 대리로 구상해주는 액수를 제한하든지 아예 이를 폐지해 각자 보험을 들게 하자는 주장이 제기되고 있다. 최근에는 일부 경찰서에서 경찰관 채용 조건으로 보험가입을 요구하는 경우도 있다.

하지만 현실에서는 소송을 제기해도 정식재판으로 가는 경우는 드물고 대부분 돈을 지불하고 합의하는 경우가 많다. 이때 피해를 입은 시민은 경찰관의 몫까지 시정부가 갚아줄 것을 요구하고 시정부도 일체의 이의제기를 하지 않을 것을 조건으로 돈을 지불한다. 이렇게 시정부에 손해를 끼친 경찰관을 내부징계해서라도 제재를 가해야 하는데 이것 또한 단체협상을 통해 경찰노조가 확보한 경찰관 보호장치가 많아 징계하기는 매우 어렵다.

경찰서 문을 닫을지 결정하는 투표

경찰이 훌륭한 치안행정을 하면 주민들은 그만큼 애정을 표하고 지원하지만, 반대로 부패스캔들이나 범법행위가 드러나면 애정은 분노로 변한다. 2020년 6월 26일 미네소타주 미니애폴리스의 시의회는 5월 25일 발생한 시경찰관 데릭 쇼빈에 의한 조지 플로이드 사망사건을 계기로 시경찰을 해산하는 투표를 실시해 가결시켰다. 제적의원 중 3분의 2 이상 가결이면 시장의 거부권 행사가 불가한데, 만장일치 가결이어서 거부권을 행사할 수 없었다. 시의회가 경찰서를, 그것도 경찰관이 1,100명이나 되는 대규모 경찰서를 투표를 통해 해산시켜버린 것이다. 미니애폴리스가 미네소타주의 가장 큰 도시이고 유명하다 보니 이번 뉴스가 더욱 충격적인데 사실 자치경찰제가 자리 잡은 미국에서는 경찰서 해산이, 물론 미니애폴리스경찰처럼 큰 조직이 해산하는 일은 극히 이례적이지만, 아주 드문 일은 아니다.

전국에 약 1만 8,000개의 경찰서가 있다 보니 다양한 일이 많이 일어나는데, 마치 자영업이 생겼다 없어지는 것처럼 경찰서도 가끔씩 생겼다 없어진다. 대도시에서야 그런 일이 극히 드물지만, 소도시에서는 시의원들이 투표를 통해 경찰서를 그만 운영할지 결정하는 경우가 있다.

2017년 5월 미네소타주 포레스트레이크도 시의회 투표를 통해 관할인구 2만 명에 23명이 근무하는 경찰서를 해산하고 소속된 워싱턴카운티의 보안관에 치안을 맡기자고 결정했다. 경찰노조와 3년 기한 협상안이 부결되자 경찰서를 아예 폐쇄하고 보안관에 치안을 넘기자는 것이었다. 하지만 그동안 경찰서에서 치안활동을 주민 친화적으로 한 덕분에 지역주민들이 네 달 동안 경찰서 폐쇄를 반대하는 시위를 해서 결국 결정은 취소되었다. 당시 경찰서 폐쇄를 가결하는 시의회 결정이 발표되자 제복 입은 경찰관이 눈물을 흘리고 이런 경찰관을 부둥켜안고 위로하는 주민의 모습이 TV로 방영되기도 했다.

2017년 7월 조지아주 바넬에서는 시의회 투표를 통해 관할인구 1,800명에 5명이 근무하는 시경찰서를 폐쇄하고 도시가 속한 횟필드카운티에 치안을 넘기기로 결정했다. 하지만 경찰서 운영을 투표에 부친 것이 시의원의 가정폭력사건을 제대로 처리하지 못해 해당 의원을 사퇴까지 하게 한 경찰서장에 대한 일종의 보복성 조치라는 의혹이 생겼다. 다행히 경찰서 폐쇄는 시장이 거부권을 행사해 무산되었지만 경찰관들은 긴장할 수밖에 없었다.

이와 달리 폐쇄가 관철된 사례도 있다. 2018년 3월 플로리다주 브룩스빌은 인구 8,000명에 24명이 근무하는 100년이 넘은 경찰서를 운영하고 있었는데, 시의 인구가 줄고 경제가 나빠지면서 결국 경찰서를 닫고 소속된 에르난도카운티의 보안관에게 치안을 맡겼다. 연간예산이 100만 달러인 경찰서를 닫고 훨씬 적은 비용으로 보안관과 계약해 예산을 절약하겠다는 이유였다.

2008년 시카고 남쪽에 위치한 포드하이츠는 범죄율이 높은 인구 3,000명의 작은 도시로, 나쁜 경제사정으로 인해 보수가 낮아 경찰관이 하나둘 다른 경찰서로 떠나기 시작했다. 경찰관은 모자라고 할 일은 많다 보니 3교대 중 3분의 2를 쿡카운티의 보안관에게 맡기고 있었는데 이마저도 마지막 경찰관이 떠나면서 어쩔 수 없이 경찰서를 폐쇄하고 치안을 보안관에 통째로 맡기게 되었다. 시장은 경제가 회복되는 대로 경찰관을 뽑아 경찰서를 다시 열겠다고 했지만 보수가 낮고 근무환경은 험하다 보니 뽑으려 해도 지원자도 없고 경제사정도 나아지지 않아 현재까지도 보안관에게 치안을 맡기고 있다.

경찰서를 닫으면 경찰관들은 직장을 구해야 하는데 일부는 보안관으로 채용되기도 하고 일부는 다른 도시의 신규채용 경찰서를 알아봐야 한다. 문 닫은 경찰서의 순찰차는 다른 경찰서에 팔리거나 경찰장비를 제거한 후 일반인에게 경매되기도 한다. 자신이 거주하는 도시나 마을의 경찰서가 문 닫는 것을 주민들은 매우 마음 아파한다. 자체 경찰서는 경찰관이 지역 지리와 주민 사정을 잘 알기도 하고 경찰서도 지역 안에 있어서 출동시간이 빠르지만, 보안관과 계약하면 비록 부보안관이 순찰은 하겠지만 전보다 훨씬 적은 인원과 순찰차가 배정되고 보안관사무실노 멀티 있디 보니 치안서비스의 질이 떨어질 수밖에 없다.

승진할지 말지 고민

시카고경찰 에런 그레이엄은 1967년생에 시카고경찰이 된 지도 20

년이 지났지만 계급은 순경이다. 하지만 그는 아직도 승진시험 볼 생각도 없고 자신의 계급을 부끄러워해본 적도 없다. 나이가 들면 일정 계급 이상 승진해야 체면이 서는 한국과는 분위기가 무척 다르다. 한국경찰은 계급이 11단계인 데 비해 미국의 경우 시카고경찰은 9단계이고 규모가 작은 경찰서는 5단계인 경우가 많다. 이들의 70%가 순경이고, 경찰관의 70~80%가 순경으로 은퇴한다.

개인주의 성향과 각자의 일을 존중하는 문화적 차이도 있겠지만 미국경찰은 승진하면 다른 것을 희생해야 하는 경향이 있다. 예를 들어 물가가 높은 시카고에서 아이를 키우며 살려면 봉급 외에 부업이 필요한데 경찰관을 파트타임으로 쓰는 고용주 입장에서는 시간당 단가가 더 비싼 경사를 순경보다 선호할 이유가 없다. 하지만 무엇보다 승진을 주저하는 가장 큰 요인은 연공서열제도 때문이다.

시카고는 인구 220만 명에 서울과 비슷한 면적의 관할지역을 갖고 있는데 이 관할지역을 총 23개 구역으로 구분해 각각의 구역에 구역경찰서를 두고 있고, 각 구역은 다시 여러 개의 순찰구역 beat으로 나뉘어 순찰구역별로 책임 경찰관을 지정한다. 문제는 시카고 남부는 아주 위험한 우범지역이고 북부는 안전지역이어서 근무여건에 큰 차이가 난다는 점이다. 또한 시카고경찰의 채용 조건으로 시카고에 주거지를 둘 것을 정해놓았기 때문에 시카고경찰은 시카고에 살아야만 하는데, 교육여건이나 안전문제를 고려해 북부에 살고 싶어 한다. 그래서 시카고경찰이라면 북부에 살면서 출퇴근거리도 가깝고 안전한 북부의 순찰구역을 지정받고 싶어 한다.

모두가 위험한 남부를 피하고 싶어 하니 연공서열을 발령기준으로 삼는다. 같은 계급에서 근무연수가 많을수록 연공점수가 높으니 순경 선임들은 높은 연공점수 덕분에 안전하고 집에서 가까운 곳에 근무할 수 있다. 하지만 경사로 승진하면 연공점수가 제로가 되면서 남부에서 다시 시작해야 한다. 자신이 원하는 곳으로 가려면 수년간 남부에서 위험한 근무를 해야 하고 출퇴근 시간도 오래 걸린다. 게다가 시카고는 경찰관 수가 많아 계급별로 노조가 있지만, 다른 교외지역의 경찰서만 해도 경사부터는 수가 적어 노조가 없는 경우가 많다. 노조가 없으면 보험에 가입하지 않고 차를 모는 것처럼 불안해진다. 자치단체의 경제상황이 나빠져 경찰서 인원을 감축이라도 해야 한다면 연공점수가 낮은 사람부터 자른다.

또한 미국은 현장대응임무first responder의 중요성을 확실히 인식하고 이를 존중하다 보니 경찰관으로서는 승진해야 할 동기가 한국보다 약하다. 한국은 현장대응과정에서 경찰관이 시민들로부터 민원이나 소송을 당해도 당사자가 알아서 해결해야 한다. 한마디로 물의를 일으키지 말아야 징계를 피할 수 있다 보니 사비를 털어서라도 피해자임을 주장하는 시민과 합의를 보려는 경우까지 생기고, 그래서 최일선의 자리에서 빨리 벗어나고 싶어 한다. 하지만 미국은 시정부에서 소송을 책임지기 때문에 경찰관이 사비를 털어 합의를 하는 경우도 없고, 범죄수준이 아니라면 징계를 받을 일도 없다.

상황이 이렇다 보니 괜히 승진을 해서 연공점수를 까먹느니, 선임이 되어 현장업무의 부담도 덜한 좋은 근무지에서 잘릴 염려 없이 마음 편하게 근무하는 것을 선호하는 것이다.

경찰연금

한국경찰은 공무원연금을 받지만 미국의 자치경찰이 받는 연금은 자치정부의 연금규정에 따라 조금씩 차이가 있다. 시카고는 경찰연금, 공공부문연금, 교사연금, 소방관연금 등을 세분화해서 관리하지만 소도시는 경찰과 소방을 한데 묶기도 하고, 공공부문으로 합해서 한꺼번에 운영하기도 한다. 연금은 자치정부에 설치된 연금위원회에서 관리하고, 연금수령은 조금씩 차이는 있지만 보통 근무연수 20년 이상, 연령 50세 이상의 두 가지 요건을 충족할 때부터 수령할 수 있다. 20년 차는 월급의 50%를 수령하고 해마다 약 2%씩 증가해 30년 차는 최대치인 80%를 수령한다. 중요한 것은 기준치가 되는 월급인데, 보통 은퇴 마지막 4년간 월급의 평균이 기준이다. 물론 자치정부마다 마지막 해의 월급을 기준으로 하기도 하고, 기본급만 계산하는지 초과근무수당까지 포함하는지도 전부 다르다.

연금수령액은 경찰노조의 적극적인 활동 덕분에 경찰의 보수 자체가 좋아져 과거보다 많이 증가했다. 시카고는 연금액을 계산할 때 기본급으로만 하지만, 그래도 순경으로 20년 일하면 기본급만

10만 달러가 넘고 연금수령액도 6만 달러 가까이 되기 때문에 매달 4,000~5,000달러는 연금으로 수령할 수 있다. 일부 재정이 좋은 자치정부에서는 연금계산의 기준이 되는 월급에 초과근무를 합하기도 하는데, 그러다 보면 은퇴를 앞둔 경찰관이 초과근무를 집중적으로 해서 연금기준액을 최대한 올려놓는 부작용도 발생한다. 초과근무는 평소 근무시간당 수령액의 1.5배를 지불하고 초과근무 신청자가 많을 경우에는 연공 순서대로 배분하기 때문에 은퇴를 앞둔 고참들이 초과근무를 도맡아 하게 된다.

근무 중 사망한 순직자는 근무연수와 관계없이 연금지급대상자가 되고, 자치단체별로 약간의 차이는 있지만 가족에게 순직 경찰관의 사망 당시 연도의 월급 100%에 해당하는 액수를 지급한다. 또한 직계가족에게는 무료로 의료보험을 들어주고 자녀들이 주립대에 입학할 경우 학비까지 면제해준다. 혜택이 좋다 보니 가끔 애매한 상황에서 사망한 경우 순직이냐 아니냐가 가족은 물론 경찰서 전체에도 큰 관심사가 되는데, 연금위원회에서는 증인이나 전문가까지 불러 청문회를 하고 위원들의 투표를 통해 순직 여부를 결정한다.

연금과 관련해서 가장 중요한 문제는 연금기금의 재정건전성이다. 재무구조가 악화되어 자치정부가 파산하면 연방파산법원의 청산절차에 따라 공무원연금도 대폭 삭감된다. 2013년 디트로이트가 파산을 신청하면서 경찰을 비롯한 많은 공무원의 연금이 삭감되었다. 호경기일 때는 자치단체에서 연금기금을 잘 운영해 수익을 내기도 하지만 그러지 못하고 기금이 고갈되기 시작하면 세금을 일부 늘려서 구멍을 메우기도 한다. 작고 치안수요도 많지 않은 경찰서에서는 연금지급 부담 때문에 이미 다른 경찰서에서 퇴직해 연금을 받고 있는 경찰관을 연금을 지급하지 않는 조건으로 신입 경찰관을 대신해 채용하기도 한다.

경찰에 기부하는 문화

해마다 연말이 되면 시카고에서는 대형 호텔의 회의실에서 시카고 경찰재단이 주최하는 '트루블루The True Blue'라는 이름의 갈라쇼가 열린다. 경찰의 법집행을 상징하는 색깔인 파란색을 딴 이 행사에는 400명이 넘는 기업인과 지역유지들이 참석한다. 경찰재단의 이사장은 한 해 동안 시카고 치안을 위한 활약이 두드러진 경찰관을 표창하고 재단에 기부한 기업인 이름을 공개하며 감사인사를 전한다. 시카고경찰국장도 참석해 재단에 대한 감사인사와 1년간의 성과 그리고 비전 등을 발표한다. 그리고 재단의 지원으로 구입한 첨단경찰장비를 경찰관들이 입고 무대에서 시연하기도 하고 여러 기기의 작동모습도 보여준다.

경찰재단은 1970년 뉴욕에서 시작됐다. 당시 뉴욕은 경찰관 부패스캔들과 치솟는 범죄율로 골머리를 앓고 있었다. 그래서 경찰관을 지원해 부패를 척결하고, 교육프로그램을 마련해 뉴욕경찰을 개선해보자는 취지에서 기업인이 중심이 된 비영리재단 뉴욕경찰재단이 설립됐다. 재단은 다양한 지원을 통해 지금의 뉴욕경찰을 만드는 데 큰 공을 세웠는데 재정부족으로 폐지의 기로에 있던 기마경찰을 유지하기 위한 자금지원, 경찰관에게 방탄조끼 지급, 경찰관 교육을 위한 헌법교육영상 제작, 범죄예측프로그램 같은 컴퓨터 통계를 이용한 범죄예방활동 지원 등 수많은 활약을 펼친다. 9 · 11 테러 후 설치된 실시간범죄센터도 재단의 지원이 없었으면 불가능했을 것이다. 이후 전국의 다른 도시에도 뉴욕경찰재단을 모델로 한 경찰재단이 설립되어 활약하고 있다.

시카고경찰재단은 2018년 시카고 남부의 악명 높은 총기범죄를 줄이기 위한 총기탐지기shot spotter 도입에 필요한 지원을 했다. 총기탐지기는 총격이 발생하면 연결된 스마트폰에 경고메시지를 보내주는 장비로 범인검거나 환자치료를 위한 시간을 단축시키는 효과가 있다. 재단에서는 이 고가의 장비는 물론 이와 연결된 앱을 설치하기 위한 스마트폰 50여 대까지 구입해 시카고경찰에 전달했다.

경찰재단의 이런 활동은 지역주민의 성원에 힘입은 바가 크다. 자신들이 거주하는 지역의 경찰에 대한 미국인의 생각은 한국인과 달리 아주 남다르다. 물론 경찰관의 비리나 총기사용 때문에 싫어하는 사람도 있지만, 이들의 수고에 감사하는 마음을 재단을 통해 기부하며 표현한다. 대도시의 경찰서는 대부분 경찰재단이 있어 기부가 용이하지만, 그렇지 않은 소도시에서는 단발적인 직접기부가 이루어지기도 한다.

경찰관이 임무수행 중 범인의 총에 맞아 사망하면 동네 피자가게에서 이틀 치 수익 전액을 희생자 가족을 위해 기부하기도 하고, 다친 경찰관은 병원에서 퇴원할 때까지 치료비 일체를 면제받기도 한다. 통신회사는 경찰서의 2년 치 통신료를 면제해주고, 총기판매상이 대량의 권총을 휴대장비로 활용하라고 기부하기도 하며, 유명한 영화배우가 경찰서를 찾아가 순찰차를 기부하는 모습도 뉴스에서 종종 볼 수 있다.

헬기 뜨는 장례식

경찰에서는 처음 경찰관이 될 때 입직入職이라 표현하지 않고 투신投身이라 한다. 어감이 강한 투신이란 용어를 쓰는 이유는 하는 일이 그만큼 위험하고 다른 직업보다 훨씬 강한 사명감이 요구되기 때문이다. 이 사명감을 유지해주는 것 중 하나가 희생당한 경찰관에 대한 예우이다. 그들의 희생이 헛되지 않도록 기억하고 기념하는 것이다.

미국에서는 해마다 많은 경찰관이 근무 중 순직하는데, 특히 총이 많이 보급되어 있어서 범인과 총격전을 하다가 사망하는 경우가 많다. 2018년 시카고만 해도 네 명의 경찰관이 순직했는데 이 중

세 명은 범인이 쏜 총에 맞아 사망했고 세 명 중 한 명은 18구역경찰서장이었다. 시카고는 대도시이고 총기사고가 압도적으로 많다 보니 경찰관 순직의 90%가 총기사고 때문이다.

경찰관이 순직하면 사망소식과 함께 장례일정이 주경찰장협회 및 해당 경찰서 홈페이지를 통해 전국의 경찰서에 통보된다. 시카고 18구역경찰서장 순직 때는 시카고 소재 각국의 영사관에까지 부고장이 전달되었다. 운구행렬이 지나가면 해당 지역 경찰서는 최대한 협조해주는데, 행렬이 지나가는 주요도로는 통제되고 가끔은 고속도로 일부 구간이 전면 통제되기도 한다. 순직 경찰관의 운구로 인한 교통통제에 대해 그 누구도 불편함이나 불만을 표시하지 않으며 많은 사람이 길거리에 늘어서서 애도를 표한다. 행렬 위로는 대형 성조기와 경찰의 상징인 블루라인 성조기가 걸린 경찰헬기가 뜬다. 장례식은 유족의 의견에 따라 각자의 종교에 맞춰 장례예배장소가 선택되고, 운집예상인원이 많아 종교시설에 수용하기 힘들면 학교체육관에서 치르기도 한다. 소도시의 경찰관이 사망한 경우라도 지역에 관계없이 이를 애도하려는 사람들이 전국에서 몰려든다.

2019년 3월 일리노이주 북부 끝에 위치한 맥헨리카운티의 보안관이 모텔에 숨은 수배자에게 영장을 집행하는 도중 수배자가 쏜 총에 맞아 사망한 일이 있었다. 이 보안관의 장례식이 록퍼드의 한 고등학교 강당에서 열렸는데 일리노이주의 거의 모든 경찰서뿐만 아니라 뉴욕, 보스턴, LA에서도 조문객이 왔다. 규모가 큰 경찰서는 조문단을 파견하기도 했는데 이들을 위해 일부 항공사에서는 특별할인티켓을 제공하기도 했다. 이 모습이 너무 대단하면서도 낯설기도 해서 조문객 중 미국 동부에서 온 경찰관에게 물어봤다. 평소에 알던 사이도 아니고 옆 동네도 아닌데 이렇게 멀리서 비행기를 타고 와서 조문하는 이유가 궁금했다. 그 경찰관에 따르면, 비록 대도시와 교외지역 간의 차이는 있지만 경찰관은 항상 근무 중 총에 맞아 죽을 수 있다는 잠재적 공포가 있다고 했다. 이런 두려움을 공유하기 때문에 먼 지역이라도 누가 총에 맞아 사망했다고 하면 남일 같지 않게 느껴진다고 했다. 이런 연대감은 다른 어떤 직업보다도 경찰이 강하다.

전 세계 어디에서든 길거리의 경찰관은 매일 위기를 마주하기 때문에 같은 경찰관이라는 사실만으로 서로 가족 같은 친밀감을 느낀다. 특히 항상 총의 위협에 직면해 있는 미국의 경우는 더욱 그렇다. 시골 카운티의 보안관 장례식에 비행기를 타고 와서 다시 차로 이동해야 하는 먼 거리를 마다하지 않고 찾아오는 문화를 보고, 수많은 자치경찰로 나뉘어 있어도 이들을 이어주는, 같은 경찰이라는 연대감은 대단하다는 것을 알 수 있었다.

사망한 보안관과 아무 인연이 없는 시민들도 장례식에 찾아와 눈물을 흘리기도 했는데 보안관의 희생이 헛되지 않았고, 이들이 지역사회에서 무섭기만 한 존재가 아니라 존경받고 사랑받는다는 것을 알 수 있었다. 보안관의 장례식은 지역언론에 대서특필되며 TV로 생중계되었는데 규모나 분위기를 보면 한국의 경찰관장례식과 많이 비교되었다. 장례식 당일에는 유족이 된 부인과 아이 두 명을 위해 기부함이 설치되었고, 주택의 모기지는 물론 자녀들이 대학교까지 안심하고 졸업할 수 있는 자금이 순식간에 마련되었다. 한 기업주는 최고 성능의 방탄조끼 12벌을 기부했고, 보안관이 타던 순찰차는 그를 기리기 위해 새로 단장한 후 퇴역식을 갖고 한곳에 전시되었다.

시카고경찰처럼 조직이 큰 경찰은 경찰추모재단을 별도로 갖고 있다. 이 재단에서는 추모공원을 마련해 사망한 경찰관들 이름을 대리석에 새겨 해마다 추모하고 있으며 사망한 경찰관의 자녀들이 성인이 될 때까지 보살핀다. 졸업식 같은 중요한 행사 때는 아빠가 없어 우울해하지 않도록 다른 경찰관이 아빠 대신 참석하고, 부인이 생활을 위해 직업을 구할 경우 앞장서서 도와주기도 하며, 유족들이 남편이나 아빠가 경찰관이었던 것을 후회하지 않고 자랑스러워하도록 끝에서 그 빈자리를 최대한 채워준다.

경찰과 함께 커피를

미국의 시·타운·빌리지를 방문해보면 하나같이 청사건물에 커뮤니티센터를 두고 있다. 명칭이야 조금 다를 수 있어도 용도는 같은데 자치행정의 사랑방이자 소통의 공간이다. 주민공청회가 자주 열리고 끊임없이 주민의 의사를 묻고 반영한다. 경찰서장도 이곳에서 정기적으로 치안상황과 대책을 설명한다.

한국도 경찰기능 중 교통이나 생활안전은 생활밀착형 행정이어서 주민의 의사를 묻고 이에 반응해야 한다. 관할지역 내 교통시설물의 신설이나 보수 등을 비롯해 시설환경개선을 통한 범죄예방을 위해서도 주민의 의견을 청취해야 하며, 범죄발생 시 주민불안해소를 위해 수사진행상황도 알리고 교착상태에 있는 수사도 제보를 통해 해결해야 한다.

시카고경찰은 '경찰과 함께 커피를Coffe with the Cop'이란 슬로건

아래 커뮤니티폴리싱을 진행하고 있다. 매달 23명의 구역경찰서장들이 커뮤니티센터를 찾아 주민과 커피를 마시며 간담회를 한다. 이런 자리에 주민이 얼마나 참석할까 싶지만, 오랫동안 분권시스템에서 살아온 미국인들은 치안에 대한 주인의식이 남다르다.

2018년 2월 인디애나주 웨스트필드의 커뮤니티센터 경찰간담회에 참석한 적이 있었는데, 경찰이 지역에 대형 스포츠몰이 설치되면서 생기는 변화를 설명하는 자리였다. 스포츠몰이 생겨 인근 도시에서 야구선수와 미식축구선수 그리고 그 가족들이 전지훈련차 많이 방문하면 외지인 입출입 증가로 인한 교통정체, 인근소란, 주류소비증가가 발생해 치안이 불안해지는데, 경찰서장이 이에 대해 직접 설명했다. 주민들은 교통정체와 늘어나는 차량통행에 대한 대처로 안전시설물 설치, 야간순찰활동 강화를 얘기했고, 시청의 해당 부서와 경찰서의 답변이 이어졌다. 국가경찰제에서의 경찰과 주민, 자치단체 간의 유기적인 소통이나 협력수준과는 비교할 수 없는 종합행정이 이루어지는 모습이었다.

PART 3

경찰의 힘은
어디서 나오는가

미국경찰의 권한과 권리

검찰과 경찰

수사는 경찰이

한국은 해방 후 미군정 시절에 영미법 시스템을 도입, '수사는 경찰, 기소는 검찰' 원칙을 세웠으나 군정이 끝난 후 경찰의 수준미달을 이유로 검찰에게 모든 것을 맡겨버렸다. 이후 이를 바로잡고자 여러 차례 수사구조를 개혁하려는 시도가 있었고, 문재인정부에서 완전하지는 않지만 경찰이 수사를 독자적으로 종결할 수 있게 되었다. 검찰은 경찰이 수사를 가져가면 경찰의 권력이 비대해진다며 이를 견제하기 위해 미국식 자치경찰제를 도입해 한 덩어리인 경찰을 작게 나누어야 한다고 주장한다.

미국은 '수사는 경찰, 기소는 검찰' 원칙이 건국 때부터 지금까지 흔들림 없이 유지되고 있고, 아무리 작은 경찰서도 일반수사기능을 가지고 있다. 그리고 경찰뿐만 아니라 검찰도 자치검찰이며 판사도 자치판사이다. 중요한 사법시스템의 세 축을 모두 자치로 하고 있으며 검사장과 판사는 지역주민의 투표로 선출한다. 물론 연방법을 집행하는 연방검사와 연방판사는 대통령의 지명과 의회의 인준을 거치지만 연방을 제외하고는 사법시스템의 민주적 통제를 분명히 한다.

한국은 부분적인 자치경찰제를 도입하면서도 2021년 국가수사본부를 신설, 3만여 명의 수사경찰을 배속시켜 일반수사업무는 통일된 시스템으로 하도록 했다. 수사처럼 중요한 업무가 자치화하면 자치단체장과 자치경찰서장의 압력 때문에 공정한 수사가 어렵고, 지역별로 독립된 수사방식으로는 광역화하는 범죄를 해결하지 못한다는 생각 때문이다.

미국은 시경찰에서 수사부서를 두어 독자적으로 운영하고, 카운티정부나 주정부도 독자적인 수사기관을 두고 있으며, 주의 경계를 넘나드는 범죄는 전국에 지부를 둔 FBI가 다룬다. 시경찰은 관할지역에서 발생한 범죄수사를 위해 소속된 주의 경계 내에서는 기초자체단체나 카운티의 구분 없이 활동하며 수사한다. 경찰관 자격이 같은 주 내에서는 인정되기 때문에 간단한 통보만으로도 관할지역 외의 곳에서 활동이 가능하다. 그리고 대부분의 범죄가 생활범죄와 지역범죄이지 국가시스템이 필요한 전국 단위의 범죄는 흔치 않고, 이 경우라도 광역수사기관이 있으니 자치경찰이 일반수사기능을 가져도 특별히 문제될 게 없다는 주장이다.

투표로 뽑히는 검사장

한국에서는 검찰이 기소권과 수사권뿐만 아니라 법무부행정에 대한 여러 권한 등 막강한 권력을 갖고 있다. 문제는 경찰이 국가경찰이듯 검찰 또한 국가검찰이다 보니 검찰을 민주적으로 통제할 방법이 없다는 것이다. 검찰총장은 대통령이 직접 임명하고 지방검사장은 내부승진을 통해 임명된다. 2,000여 명의 검사는 검찰총장을 정점으로 수직관계를 이룬다. 하지만 검찰을 견제할 방법은 국회에서 검찰총장을 탄핵하거나 징계위원회를 통한 해임 또는 파면밖에 없다. 이에 반해 미국의 검찰은 자치경찰처럼 자치검찰이다.

검찰은 수사권이 없고 기소와 공소유지에 집중해 법률가집단에 가까운 느낌이다. 검사장의 경우 내부승진이나 임명이 아닌 4년마다 하는 선거로 뽑힌다. 무엇보다 한국과 가장 다른 점은 연방정부나 주정부가 아닌 카운티정부를 기준으로 구성된다는 점이다. 일리노이주는 102개의 카운티마다 한 명씩 총 102명의 검사장이 있다. 각 카운티의 검사장은 자신을 보좌할 검사**assistant or deputy**를 채용한다. 영어 뜻을 그대로 옮기면 부검사라고 해야 하지만, 이들이 주로 검사 일을 하기 때문에 한국에서는 선출직인 카운티의 검사를 검사장, 보좌하는 부검사를 검사라고 번역한다. 경찰이 자치경찰인 것처럼 검찰도 자치검찰이지만 주경찰국장과 시경찰서장은 각각 주지사와 시장에 의해 임명되는 데 반해 검사장은 주민이 선출하며 카운티 단위에만 있지 시 단위에는 없다는 점이 다르다. 선출직인 검사장은 물론 보좌하는 검사도 로스쿨을 나와 변호사시험을 통과한 사람으로서 조직 전체가 법률가집단이다.

카운티의 면적이나 관할주민의 수가 차이가 많은 것처럼 검찰의 조직 규모도 카운티에 따라 천차만별이다. 예를 들어 시카고가 속한 쿡카운티는 미국에서 LA카운티 다음으로 크다 보니 임기 4년의 선출직 검사장 밑에 800명의 검사와 1,500명의 직원으로 구성된 대규모 검사실을 운영한다. 여기에서 쿡카운티에서 발생하는 모든 범죄에 대한 기소와 공소유지 업무를 한다. 쿡카운티에는 시카고경찰을 포함하여 약 130개의 경찰서가 있는데 각 경찰서 형사들은 범인을 체포하면 검사실의 검사를 통해 기소하고 재판을 진행한다. 카운티의 검사들은 각자 할당된 경찰서가 있어 자기가 관할하는 경찰서에서 발생하는 사건의 기소와 재판을 진행한다. 서울의 중앙지검과 동부·서부·남부·북부지검이 31개 경찰서를 나누어 관할하는 것과 비슷하다.

검사장을 주민의 투표로 뽑는다는 것이 생소할 수 있지만, 영국에 뿌리를 둔 미국의 사법자치는 법집행과 관련된 보안관, 검사장, 판사를 모두 주민이 선출하고 주민 중에서 뽑힌 배심원단의 배심원 평결을 거치도록 되어 있어 거의 완전한 자치를 이루고 있다. 검사장이 투표로 뽑히다 보니 업무능력 외에 정치경력과 인지도도 필요하다. 이들은 판사나 변호사에 비해 언론노출 기회도 많아 정치요직으로 진출할 발판이 되는 경우가 많다. 유명한 연방대법원장이었던 얼 워런도 캘리포니아주 알라메다카운티에서 검사장을 오랫동안 했고 캘리포니아주 연방상원의원이자 흑인여성 최초로 부통령이 된 카멀라 해리스도 캘리포니아주 샌프란시스코에서 검사장으로 정치경력을 쌓았다. 또한 아버지의 뒤를 이어 시카고시장을 6번이나 연임한 리처드 데일리도 쿡카운티에서 검사장을 역임했다.

4년 임기가 끝나면 다시 선거를 치러야 하니 4년 동안 지역주민의 표심을 얻기 위해 일을 잘해야 하는데, 특히 대형 사건이 발생했을 때 이를 담당 검사들이 법정에서 어떻게 처리하느냐가 중요하다. 검사장이 직접 법정에 서지는 않고 믿을 만한 검사에게 맡기지만 재판결과는 검사장의 연임에 결정적인 영향을 미친다. 그러다 보니 지지층의 표심을 고려하지 않을 수 없는데, 흑인여성인 쿡카운티의 킴 폭스 검사장은 흑인들의 전폭적인 지지를 받고 당선되다 보니 흑인 관련 사건의 기소에 소극적이라는 비판이 있다.

흥미진진한 재판장

한국과 미국의 사법구조 차이 때문에 검찰과 언론의 관계는 양국이 극명하게 다르다. 피의사실공표죄를 형법 126조로 규정하고 있음에도 사문화되다시피 한 한국에 비해 미국은 이를 금하는 성문조항이 없는데도 주정부의 법률가감독기구 **state bar**에서 검사의 비윤리적 행위를 심사해 변호사자격에 불이익을 주고, 피의사실공표로 피해를 본 측에서는 민사소송을 제기하는 등 잘못된 피의사실공표를 견제할 수 있는 장치를 잘 갖추어놓았다.

한국은 검찰이 수사와 기소를 모두 하다 보니 굵직한 사건이 벌어지면 언론은 정보가 많은 검찰에 의지한다. 또한 규문주의 성격이 강해 판사가 재판준비기간에 피고와 원고 양측으로부터 제출받은 서면을 통해 판단하니, 실제 재판은 밋밋하게 진행되어 법정취재도 잘 이루어지지 않는다. 그래서 언론은 화제가 집중되는 사건의 수사진행상황을 취재하고자 검찰청에 관심을 쏟게 되고, 국민의 알 권리라는 명분하에 검찰청 기자실에서 많은 브리핑이 이루어진다. 검찰도 언론플레이를 통해 피의자에 대한 이미지가 나빠지면 구속영장이 잘 나올 수도 있고 재판에서의 판결도 유리해질 수 있으니 이를 적극 활용하는 면이 있다. 피고인이 3심을 거쳐 대법원에서 최종적으로 무죄를 받아도 일반인의 뇌리에는 언론을 통해 전국에 방영된 검찰청 앞 기자회견 모습만 남을 뿐이다.

반면 미국의 재판은 흥미진진하다. 한국과 달리 당사자주의 성격이 강해 재판기간도 길고 검사와 피고인 간의 법적 공방도 치열하다. 그래서 언론은 재판과정 자체에 훨씬 더 많은 관심을 가진다. 공개재판이 원칙이고 전국적으로 이슈가 된 사건은 TV로 재판의 모든 과정을 생중계하는 경우도 있어서 재판을 진행하는 검사는 전력을 다할 수밖에 없다. 사전에 서면제출을 해도 결국 재판 당일 일반시민으로 이루어진 배심원들 앞에서 때로는 웅변조로 때로는 감정에 호소하는 드라마 연기자처럼 공격과 방어를 한다. 정보도 수사나 기소 단계에서는 온전치 않고 경찰과 검찰의 선택적 제공이나 주관적 의견개진으로 오염될 수 있지만, 재판정에서는 양측의 모든 증거가 다 노출되고 신뢰도가 확인되니 재판정에 매일매일 언론이 몰리고 재판결과도 빠짐없이 보도된다. 기소되는 범죄내용이 사실확인도 되지 않은 상태에서 지나치게 부각되고 정작 재판과정이나 결과는 거의 관심을 못 받는 우리와는 사뭇 다르다.

12명의 배심원이 유무죄를 결정하기 때문에 이 배심원들을 자기편으로 끌어들이려는 검사와 피고인 측의 싸움은 흥미진진하다. 잠재적 배심원인 시민이 재판 전 피의사실공표 pretrial publicity로 인해 사건에 대해 선입견을 갖거나 미리 유무죄에 대해 재판 전에 결론을 내려버리는 일이 없도록 여러 장치를 마련하지만, 검사는 재판을 이기고 싶기 때문에 이렇게든 언론접촉을 통해 여론을 유리하게 이끌려고 애쓴다. 특히나 검사장은 선출직이다 보니 선거기간이 다가올 경우, 범죄해결능력과 재판에서 승리하는 모습을 보여 선거구민에게 어필하고 싶은 마음이 앞서 언론에 한 번이라도 더 노출되고 싶어 안달한다.

검찰뿐 아니라 피의자나 피고인도 여론을 조성하고 배심원을 자기 쪽에 호의적이 되도록 만들고 싶어 언론플레이를 적극적으로 한다. 그래서 간혹 판사는 특정 사건이 세간의 관심을 끌어 공정한 재판진행에 영향을 미칠 만큼 언론노출이 심해지면 언론접촉금지 **gag order**를 내린다. 전국적인 관심을 끄는 중요한 재판 같은 경우에는 재판기간 배심원을 아예 호텔에 가둬 언론노출이 차단된 상태에서 재판과정에 참석하도록 한다.

1994년 미국 전역을 떠들썩하게 했던 유명 미식축구선수 O. J. 심슨의 살인사건의 경우에는 검사 측과 피고인 심슨의 변호사 측 언론플레이가 매우 치열했고 배심원들은 언론노출로 인한 판단의 오염을 막기 위해 8개월간이나 호텔에 갇힌 상태에서 재판에 참여해야 했다. 언론접촉금지는 기소 전에도 기소 후에도 내려질 수 있으며, 금지 대상은 사건에 관련된 모든 사람이 되기 때문에 검찰도, 경찰도, 변호인도, 피고인도, 참고인도 일절 언론접촉을 하지 못하게 된다.

애증의 파트너

검사장 밑에서 일하는 검사들은 봉급은 박한데 업무량은 많고, 그렇다고 한국처럼 권력이 있는 자리도 아니어서 검사가 되려는 경쟁은 치열하지 않다. 하버드대나 예일대 등 유명 로스쿨 출신들은 변호사가 되면 대부분 돈을 많이 주는 대형 로펌이나 기업의 변호사로 가려 하기 때문에 검사에 지원하는 사람은 검사장이나 정치인에 관심이 있어서일 경우가 많다. 아니면 로스쿨 성적이 낮아 갈 곳이 없어서 지원하기도 한다. 이들의 꿈은 승진을 해서 높은 직책이 되든지 검사 경력을 빨리 쌓아 형사전문 변호사로 독립하는 것이다.

한국의 검찰은 수사권과 기소권을 다 갖고 있어서 직접 수사도 많이 하고, 경찰의 수사를 지휘하다 보니 경찰과의 관계도 파트너라고 하기 어려울 만큼 검찰 쪽으로 기울어져 있다. 최근에는 수사권조정문제로 첨예하게 대립하고 있고, 간혹 경찰관이 지위고하를 막론하고 검사의 기소로 형사처벌을 받기도 하니 서로 불편한 관계이기도 하다. 하지만 미국의 검사장은 선출직이다 보니, 경찰노조를 중심으로 투표 때 특정 검사장의 선출을 충분히 막을 수 있는 힘을 가진 경찰을 무시할 수 없다. 또한 실제 현장에서 기소를 하고 법정에서 피고인 측과 싸워 재판도 이겨야 하는 검사들은 경찰의 협조가 절대적으로 필요하기 때문에 오히려 인원이 많아 목소리가 큰 경찰에게 당하는 인상을 많이 준다.

한국의 검찰청과 미국의 검사실을 방문해보면 이 차이는 더욱 극명하다. 보통 주별로 입법부, 행정부, 사법부가 밀집해 있는 주도가 있고, 카운티별로 카운티의 주요기능이 모여 있는 도시가 있는데 이를 카운티시트county seat라고 한다. 카운티시트에는 카운티 법원건물이 있는데 보통 여기에 검사장실과 검사들 사무실이 위치해 있다. 한국의 검찰청은 수사를 하는 형사부나 특수부가 대부분을 차지하고 공판부는 일부이지만, 미국의 경우 수사를 하지 않으니 형사부가 없고, 재판을 치르는 게 주업무이다 보니 공판부가 전부인 셈이다. 다만 다루는 사건의 종류를 구분하여 형사부, 강력부, 마약부, 소년부 등으로 나눌 뿐이고, 수사기능이 없다 보니 피고인 측 변호인단과 싸워야 하는 공공로펌 느낌이 강하다. 소장전달이나 간단한 소재파악 등을 위해 전직 형사 출신이 대부분인 조사관investigator이 몇 명 있지만 이들이 하는 일을 수사라고 볼 수는 없다.

검사가 재량을 발휘할 수 있는 것은 기소권행사인데, 경찰이 수사를 해서 기소를 요구해도 실제 기소를 할지는 검사의 결정사항이다 보니 가끔 이 문제를 두고 경찰과 부딪친다. 경찰은 자신들이 열심히 뛰어서 범인을 잡아줘도 검사가 기소를 하지 않아 일하기 힘들다고 하고, 검사는 경찰의 수사가 증거수집상의 법을 위반하여 제대로 된 증거가 부족해 기소하기 힘들다고 한다. 검사와 경찰이 크게 부딪쳐 갈등의 골이 깊어지면 검사장과 경찰서장이 싸움을 달래기도 한다.

이렇게 팽팽한 긴장관계를 보일 때도 있지만, 검사와 경찰은 결국 형사사법의 가장 중요한 파트너이고 함께 피고인 측과 싸워야 하는 관계이므로 수사초기단계에서부터 검사가 경찰수사관들의 수사와 증거수집과정에 개입해 법률자문을 한다. 재판에서 수사나 증거수집상 위법이 있어 증거가 배제되고 재판에서 지는 경우를 미리 막고자 협력적 감시를 하는 것이다. 경찰도 법률전문가인 검사의 도움이 필요하기 때문에 수사초기단계부터 연락해 자문을 구해서 검토를 받고, 특정 경찰서를 담당하는 검사는 형사들과 수시로 통화하며 정보를 공유한다.

Guns & Doughnuts

언론노출을 즐기던 검사장

2006년 3월 노스캐롤라이나주에서 노스캐롤라이나센트럴대 흑인 여학생이 듀크대에 있는 대학교 소유 숙소건물 화장실에서 라크로스팀 백인남성 운동선수 세 명에게 성폭력을 당했다고 경찰에 신고한다. 해당 여학생은 아르바이트로 스트리퍼를 하고 있었는데, 라크로스선수들의 파티에 스트립댄서로 고용되어 갔다가 봉변을 당했다는 것이다. 이 사건은 즉시 지역은 물론 전국의 관심을 끌면서 연일 TV에 보도되고 신문 1면을 장식했다. 백인남성 엘리트대학생, 운동선수, 가난한 흑인여학생, 술파티, 스트립댄스, 성폭력 등 누구나 호기심을 가질 만한 주제였고, 누구나 당연히 술에 취한 백인남성 운동선수 세 명이 흑인여성 스트리퍼를 성폭행했다고 단정지었다. 당시 사건은 노스캐롤라이나주 더럼카운티의 검사장으로 당선된 마이크 나이퐁에게 전달되었는데, 그는 사건을 맡기 얼마

전에 주민투표에서 근소한 차이로 당선된 상태였다.

나이퐁은 검사장이 된 후 맡은 사건 중 어찌 보면 가장 큰 사건이다 보니 뭔가 보여줘야겠다는 의욕이 넘쳤고, 기소와 재판진행을 본인이 직접 진행하며 사건을 멋지게 해결해서 차기선거에서 안정적으로 당선되고 싶다는 마음이 앞섰다. 하지만 사건은 처음과는 다르게 전개되었다. 피해자인 흑인여성은 피해진술을 12번이나 번복했고, 피의자로 기소된 학생들의 DNA테스트는 음성반응이 나왔다. 여기서 멈춰야 했지만 나이퐁은 그러지 못했다. 그는 이미 48번이나 언론인터뷰를 해서 유죄판결을 받아낼 것이라 호언장담했고, 기소된 남학생 세 명은 지역사회에서 강간범으로 낙인찍혀 가족들까지 외출을 못 할 정도로 비난에 시달렸다. 수없이 많은 언론노출로 학생들은 살해협박을 받았고 라크로스팀 전체가 위협에 시달렸으며 캠퍼스는 '블랙팬서**Black Panthers**' 등 흑인인권단체의 시위로 들끓었다.

이렇게 사건의 파장이 도시 전체를 뒤흔드는 와중에 극적인 반전이 일어났다 피해자 진술의 신빙성에 대한 의심이 꾸준히 제기되고 있었는데, 결국 사건 당일 일을 마치고 귀가하던 피해자가 음주운전 검문을 받던 중 답변을 둘러대다가 성폭력을 받았다고 순간적으로 거짓말했다는 게 드러난 것이었다. 게다가 검사장이 DNA테스트 결과를 감췄다는 사실까지 알려지자 주검찰총장이 개입해 기소를 취하하면서 사건을 마무리 지었다. 검사장 나이퐁은 주정부의 법률가감독기구 윤리위원회에 회부되어 변호사자격이 박탈되면서 자동으로 검사장직도 박탈되었고, 사건진행과정의 문제로 인해 형사기소까지 되어 하루를 감옥에서 보내야 했다. 비록 하루 동안이었지만 기소와 재판진행과정에서 절대적 면책을 누리는 검사장이 감옥까지 가게 된 이 사건은 미국에서 법률가집단에 대한 견제가 효율적으로 이루어지고 있음을 단적으로 보여주는 사례라고 할 수 있다.

어떻게
통제할 것인가

미국식 불심검문, 테리스톱

니콜로 마키아벨리는 『군주론 Il Principe』에서 지도자는 시민들로부터 존경받거나 두려움을 받아야 한다면 두려움을 받는 쪽이 되어야 한다고 했다. 경찰이 그 나라 시민들로부터 존경의 대상인지 두려움의 대상인지 묻는다면 한국경찰은 존경은 몰라도 두려운 존재는 아닌 것 같다. 미국은 공권력이 강하다고 알려져 있다. 확실히 공권력에 도전한다는 것은 혹독한 결과를 감수해야 할 무모한 짓이다. 경찰이라면 공권력이 강한 미국경찰이 부러울 수 있지만, 그래도 가장 좋은 것은 존경과 두려움이 건강한 균형을 이루는 것이다.

미국경찰이 마약수색을 위해 주택에 압수수색영장을 집행하는 장면을 보면 이들의 무서운 공권력을 느낄 수 있다. "문 열어라"라는 경고 후에도 문이 열리지 않으면 쇠봉으로 문을 부수고 진입하고, 영장집행에 저항하는 행위는 결코 용납하지 않는다. 심지어 놀라서 달려드는 개도 사살해버리고 수색을 한다는 이유로 가구나 소파도 처참히 부순다. 특히 미국은 마약범죄가 심각하고 조직적으로 이루어지고 있어 공권력이 강하게 집행될 필요가 있다고 할 수 있지만, 그래도 이런 장면을 한 번 보고 나면 두려움은 영원히 사라지지 않을 것 같다.

미국경찰의 공권력이 강한 이유는 민간인 총기소유가 가능하고 강한 경찰노조가 존재한다는 현실적인 이유도 있지만, 무엇보다도 법적 보호장치가 확실하게 갖추어져 있기 때문이다. 한국의 불심검문에 해당하는 '테리스톱terry stop'은 경찰관이 합리적 의심이 들 때 보행자나 운전자를 정지시키고 검문검색을 할 수 있는 권한으로, 통상 20분 정도 억류가 가능하다. 또한 신분확인을 위해 신분증제시나 신분을 밝히라는 요구를 했을 때 이에 협조하지 않으면 지시명령위반으로 즉시 체포될 수 있고, 구류 2일 또는 사회봉사 100시간이 부과될 수 있다. 고속도로상에서도 경찰관이 합리적 의심을 갖고 플래시를 켜며 차를 세우라는 지시를 했을 때 이를 따르지 않으면 위반의 정도에 따라 구금 6개월 또는 벌금 1,000달러가 부과될 수 있다.

테리스톱은 1968년 연방대법원 판결에 의해 세워진 원칙으로, 당시 오하이오주 클리블랜드에서 존 테리를 포함한 세 명은 경찰관이 길거리에 세워 검문을 하고 몸수색을 하다 총기가 발견되어 권총강도모의죄로 기소되었는데, 이에 대한 반발로 제기한 소송의 결과물이다. 당시 반전운동 및 인권신장운동이 한창이던 시기에 나온 판결이라서 주목을 받았는데, 법원은 공권력의 중요성을 확인시켜 주었고 현장에서 가장 많이 일어나는 경찰관의 불심검문을 지지해 주었다. 이외에도 경찰의 공권력을 보호하는 법적 장치는 많다. 하지만 범죄예방과 범인검거의 최전선인 길거리에서 가장 자주 활용될 수 있는 불심검문의 차이가 공권력의 차이를 결정짓는다.

한국에도 경찰관직무집행법 3조에 불심검문을 규정하고 있다. 조문에는 "경찰관은 죄를 범했다고 의심할 만한 상당한 이유가 있는 자 등을 정지시켜 불심검문을 할 수 있고, 일정한 경우에는 경찰서 등에 동행할 것을 요구할 수 있다. 그러나 이 경우 당해인은 경찰관의 동행요구를 거절할 수 있다"라고 되어 있는데, 미국의 테리 스톱과 달리 엄연히 임의절차이며 상대의 동의를 전제로 진행할 수 있음을 명시하고 있다.

상대적 면책특권

한국에서 자치경찰제가 성공하기 위해서는 공권력 확립이 필수적이다. 현장의 경찰관들이 자치경찰제 도입을 반대하는 이유 중 하나는 덩치 큰 국가경찰제에서도 공권력이 약해서 힘든데 자치경찰제를 실시해 경찰의 규모가 작아지고 현장에서의 권한마저 축소되면 자존감이 떨어질 거라는 우려 때문이다. 미국경찰 하면 왠지 체격도 크고 시원하게 민 머리에다 선글라스를 쓰고 범죄자를 인정사정없이 체포할 것 같다. 강한 공권력의 상징 같은 이런 모습은 민원인 앞에만 서면 작아지는 한국경찰의 부러움을 사기도 한다.

한국드라마 〈라이브〉를 보면 지구대에서 취객이 제압당하는 과정에서 바닥에 넘어지자 경찰관을 협박해 합의금을 뜯어내는 장면이 나온다. 소방관도 사정은 다르지 않다. 2019년 9월 지방의 한 도시에서 소방관이 폭력을 휘두르는 취객을 제압하다가 전치 6주에 해당하는 상해가 발생했는데, 해당 소방관은 과잉대응을 이유로 200만 원의 벌금을 선고받았다. 한국의 공권력이 약한 것은 자칫 감정적으로 대응하게 되는 현장에서의 특수성에 대한 고려나 이해 없이 해당 경찰관이나 소방관이 결과에 대한 책임을 고스란히 져야 하기 때문이다.

미국경찰이 현장에서 공권력을 강하게 행사할 수 있는 이유는 상대적 면책특권qualified immunity 때문이다. 그 핵심 내용은 "공무원이 행한 재량적 행위가 다른 사람의 헌법적 또는 법률적 권리를 침해한 것이 아닌 한 그 행위를 한 공무원의 민·형사상 책임은 면제된다"라는 것으로, 절대적 면책이 아닌 이유는 공무원이 공권력을 무책임하고 악의적으로 행사했을 때 책임을 묻기 위함이고, 상대적 면책을 주는 이유는 공무원이 소송이 무섭고 처벌이 두려워지면 공권력이 위축되어 〈라이브〉처럼 경찰관이 민원인에게 괴롭힘을 당하는 일이 벌어지기 때문이다.

상대적 면책특권은 불문법국가 미국답게 법에 명시된 것이 아니라 연방대법원에서의 판결들을 통해 확립되었다. 1971년 6명의 연방마약국FBN, Federal Bureau of Narcotics 요원들이 웹스터 바이븐스의 집을 수색하는 과정에서 영장 없는 수색과 체포가 이루어졌고 이에 대해 민사소송이 제기되면서 상대적 면책특권이 언급되기 시작했다. 이후 일련의 비슷한 사건에서의 판결들, 특히 1982년 피츠제럴드 사건을 통해 결정적으로 확립되었다. 공군의 민간분석관 아서 피츠제럴드는 당시 공군에서 개발 중이던 수송기의 효용성에 대한 의회 청문회에서 해당 수송기는 비효율적이고 과다하게 비용이 책정되었다고 증언했다. 공군은 이 증언을 이유로 그를 해고했고, 그는 이것이 부당해고임을 주장했는데 연방대법원은 '재량을 벗어나지 않는 공무원의 행위'는 면책이라고 판결했다.

물론 미국에서도 상대적 면책특권에 대한 비판은 있다. 상대적 면책특권이라는 방패 뒤에서 공권력집행이 남용될 불씨가 있다는 것이다. 가끔 언론에 나오는 경찰관의 공권력집행 방식을 보면 시민이 공포를 느낄 만큼 무자비하게 물리력을 사용한다. 하지만 피해를 본 시민은 억울해도 경찰관을 상대로 소송해봤자 상대적 면책특권 때문에 승소 가능성도 불투명하고, 승소한다 해도 경찰관 지갑이 얇다 보니 경찰관 대신 고용주인 시정부를 상대로 소송을 제기한다. 그러면 시정부는 소송까지 가지 않기 위해 세금을 쏟아 부어 합의를 해 빨리 사건을 끝내려 한다. 결과적으로 해당 경찰관이 받는 불이익은 없게 되고, 공권력은 계속 남용되는 악순환이 벌어진다.

통제의 방법

조직의 지휘체계가 일사분란하고 인사권과 감찰권도 상부에 집중된 국가경찰제에 비해 자치경찰제에서는 경찰관의 통제가 어렵다는 문제가 있다. 자치경찰제의 원형을 보여주는 영국도 수도경찰의 경우 중앙에서 경시총감의 인사권을 통해 통제한다. 하지만 지역경찰에 가장 많은 힘을 실어주고 있으며, 주정부나 연방정부의 간섭을 최소화하면서 미국과 같은 방식으로 자치경찰을 통제한다. 미국의 자치경찰 통제방식은 인사권이나 감찰권 같은 고전적 방식의 직접통제가 아니라 간접통제이다.

간접통제는 연방대법원의 판결에 의한 통제, 연방정부에 의한 통제, 주정부에 의한 통제로 이루어진다. '법에 의한 지배'를 가장 큰 통치철학으로 삼고 법률소송이 넘쳐나는 미국답게 경찰의 법집행방식도 연방대법원의 판결을 통해 수립되는 많은 절차적 정의에 입각한 원칙들로 만들어진다. 한국경찰도 많이 도입해 적용하고 있는, 범인체포 시 묵비권과 변호인선임권 등의 고지의무인 '미란다원칙', 위법하게 수집한 증거의 사용·배제원칙인 '독과실poison tree원칙' 등도 연방대법원의 판결을 통해 수립된 원칙이고, 이렇게 세워진 원칙이 현장에서의 공권권남용을 견제한다.

연방정부를 통한 간접통제의 경우, 경찰기능은 기본적으로 주정부의 권한에 속하는 사항으로, 수정헌법에도 정해져 있기 때문에 연방정부가 자치경찰을 직접 통제하는 것은 불가능하다. 따라서 연방정부는 경찰에 의해 시민의 헌법상 기본권이 침해되었다고 판단되면 경찰이 아니라 경찰이 소속된 자치정부를 연방법원에 고소한다. 연방정부가 자치정부의 잘못된 법집행으로 시민의 헌법상 권리가 침해되었다고 법원에 고소하는 것이다. 그리고 법원이 재판을 통해 권리가 침해되었다고 판단하면 자치정부에 벌금을 부과한다. 자치정부는 이 벌금을 피하기 위해 연방정부와 협상하여 소속 자치경찰의 개혁안을 법원에 제출한다. 연방정부는 개혁안이 충분하다고 판단되면 고소를 취하하고, 법원은 자치정부가 개혁안대로 개혁하는지 점검한다.

주정부를 통한 간접통제의 경우, 주정부는 주에 소속된 자치경찰에 대한 인사권이나 감찰권은 없기 때문에 관할 내의 모든 경찰관의 교육이나 훈련에 관한 기준을 제시하고 준수여부를 통해 경찰관으로서의 자격심사와 서비스품질을 유지하는 방법으로 이들을 통제한다. 기본적으로 경찰관이 되려면 주정부가 인증한 경찰학교에서 주정부가 정한 필수코스를 통과해야 한다. 경찰학교를 졸업해야 주정부가 발급하는 경찰공무원증을 받을 수 있고, 카운티나 시의 경찰관으로 근무할 수 있다. 각 주정부에는 관할지역 내 모든 경찰관의 교육과 시험을 주관하는 기구가 설치되어 있다. 일리노이주의 경우 일리노이 법집행훈련 및 기준위원회에서 필요한 교육내용과 훈련, 선발절차 등에 관한 가이드라인을 제시하고 이를 충족해야 경찰인증을 해준다.

연방대법원, 연방정부, 주정부가 하는 통제는 외부에 의한 것이다 보니 간접적인 반면 좀 더 직접적인 방식으로 내부에 의한 통제가 있다. 각 경찰기관의 총책임자인 경찰서장이나 경찰국장은 소속 직원들에 대해 인사권과 감찰권을 갖고 있기 때문에 이를 통해 내부 직원들을 통제한다. 하지만 경찰노조가 단체협상을 통해 경찰관을 보호하는 여러 장치를 마련해놓아서, 지휘권자인 경찰서장이 잘못을 저지른 경찰관을 징계하는 과정은 복잡하고 길다는 한계가 있다.

이보다 더 직접적인 통제로는 과학기술의 발달 및 깨어 있는 시민의 의식에 의한 통제가 있다. 아날로그시대에는 많이 묻히고 사라졌던 경찰관의 비리가 이제는 곳곳에 설치된 CCTV는 물론 스마트폰으로 무장한 시민에 의해 촘촘히 관찰된다. 또한 언론이나 인터넷을 통해서도 경찰관의 비위행위가 쉽게 전파되다 보니 앞에서 언급한 그 어떤 통제방식보다 효과적인 면이 있다.

법에 의한 지배

세계 어느 나라든 법에 의한 지배를 얘기하지 않는 나라는 없지만,

미국만큼 이 원칙을 강조하고 내세우는 나라도 드물 것이다. 오히려 법을 너무 좋아해 모든 사안을 법정에서 해결하려 해서 문제가 될 정도이다. 일반생활에서 법이 차지하는 비중이 한국인은 30%라면 미국인은 80%라는 얘기가 있을 정도로 미국에서 법은 시민의 생활 구석구석에 스며들어 있다.

미국에서는 "법정에서 보자", "널 고소할 거야"라는 말을 쉽게 할 정도로 1년에 약 3,000만 건의 소송이 제기되며 그중 200만 건이 연방법원에 제기된다. 미국 전체에는 237개의 로스쿨이 있고 해마다 변호사가 쏟아지는데, 1878년 6만 명이던 변호사는 현재 미국변호사협회에 의하면 약 130만 명에 달하게 되었다. 역대 대통령 44명 중 26명이 변호사 출신에다가 빌 클린턴 대통령의 경우 부부 둘 다 예일대 로스쿨 출신이고 버락 오바마 대통령도 부부 둘 다 시카고의 대형 로펌 소속 변호사였다.

미국은 연방정부에만 약 30만 명의 변호사가 소속되어 있고 대통령과 내각은 물론 각 부처와 일반 기업에도 법률팀이 있다. 경찰서도 대도시의 경우에는 자체 법률팀이 있으며 시골의 작은 경찰서도 변호사를 소수나마 두거나 로펌과 장기계약을 해 필요할 때마다 자문을 받는다. 특히 경찰은 제복 입고 행해지는 행동 모두가 노출되어 합법인지 위법인지 가려지기 때문에 항상 법률팀을 꾸려놓고 경찰관과 관련된 소송에 대비해야 한다. 경찰노조도 법률팀을 두어 정기적인 단체협상에 대비하고 경찰관 비위 관련 조사과정에서 경찰서와 시정부의 절차준수에 문제가 없는지 감시한다. 시카고는 시정부에 법무국이 있어 여기에 소속된 250명이 넘는 변호사들이 시정부를 상대로 하는 소송을 관리하는데, 특히 경찰관 관련된 소송을 다루는 팀의 규모가 가장 크다.

시정부는 소송을 당하면 재판하기까지 시간이나 금전적인 출혈이 크기 때문에 대부분 금전적인 합의를 통해 정리하고, 제기된 사건이 크고 복잡해 재판까지 가게 되면 수백만 달러를 들여 외부 로펌을 고용해 소송을 진행한다. 그래서 시카고 같은 대도시의 시정부는 합의금이나 소송비용 혹은 재판에 질 경우 생길 배상금에 대비해 별도의 예산을 배정해놓고, 이것도 모자라 보험에도 가입한다. 중규모 도시는 각자 일정액을 추렴해 공동펀드를 만들어 전문펀드매니저를 고용해 관리하다가 회원 도시에서 소송이 발생하면 이 펀드에서 충당하도록 하는 경우가 많고, 소도시는 소송당하는 경우도 적고 예산 규모도 작아 보험회사를 이용한다. 보험회사에서는 차주가 블랙박스를 설치하면 보험료를 깎아주는 자동차보험처럼 보험가입도시의 경찰서가 법집행기관인증위원회CALEA, Commission on Accreditation for Law Enforcement Agencies 인증을 받았는지 여부에 따라 보험료를 깎아준다.

법집행기관인증위원회는 법집행기관의 품질인증기관으로, 경찰서가 돈을 지불하고 인증을 요청하면 경찰서의 내부매뉴얼이나 운영체계수준이 어떤지를 점검해 인증해준다. 보험회사는 보험에 가입하려는 경찰서가 품질인증서가 있으면 매뉴얼도 잘 갖추어져 있고 경찰관들 교육도 잘 시키며 관리감독도 잘하고 있으니 소속 경찰관이 소송에 휘말릴 확률이 낮다고 판단해 보험료를 깎아준다. 실제로 경찰 비위 관련 소송에서 판사가 경찰서나 시정부가 해당 경찰관을 잘 관리감독했는지 책임은 없는지 판단할 때 품질인증여부도 고려한다.

법은 의회에서 만들지만 이렇게 법이 적극적으로 활용되는 문화 덕분에 경찰에 대해서도 법에 의한 지배가 이루어진다. 막대한 재판 비용과 이미지실추 그리고 정치적 비난을 막기 위해 경찰은 아무리 사소한 일이더라도 법에 어긋나지 않는지 스스로 점검해야 한다. 하지만 처음부터 이런 분위기였던 것은 아니다. 시민의식은 높아지고 법률서비스 문턱은 낮아지고 보편화된 점 그리고 영상이나 음성녹취 등 증거수집이 용이해지는 등의 환경변화가 크게 작용했다.

경찰은 이제 현장의 법집행을 통제하기 위해 새로운 매뉴얼을 만들고 기존의 매뉴얼도 고쳐야 하며, 경찰관을 채용할 때 시험과목에 헌법과 형법이 있다고 해도 끊임없이 개정되고 새롭게 입안되는 법률에 대해 지속적으로 교육해야 한다. 무엇보다 인권의식이 점점 높아지는 시민을 대상으로 효과적인 법집행을 하기 위해 전문성을 갖추어야 한다. 그러지 못할 경우 시정부는 넘쳐나는 소송비용을 감당하지 못하는 일이 생기고 말 것이다. 비록 한국의 경찰청 같은 지휘본부는 없지만 미국경찰의 기능이 질서와 조화를 이루며 역할을 다하고 있는 데에는 이처럼 법에 의한 통제가 큰 몫을 하고 있다.

연방대법원의 판결에 의한 통제

한국은 성문법, 영국과 미국은 불문법 국가이다. 불문법에서 중요한 것은 법률을 실제 사안에 적용하는 과정에서 나오는 판례이고, 이 판례가 다른 판사의 판단을 기속하는 기능을 한다. 불문법 국가라고 하지만 미국은 성문법 국가인 한국보다 법률도 많고 해마다 새로운 법이 제정되고 있다. 단 의회는 법을 제정할 뿐이고 이 법을 어떻게 해석해서 적용할지는 온전히 법원의 몫이다.

50개 주에 모두 삼심제 법원이 있고, 연방에도 지방법원과 상소법원 그리고 연방대법원이 있다. 연방대법원이 내리는 판결은 미국의 모든 법원이 따라야 하는, 그 자체로서 최고권위를 갖는 법으로서 미국의 정치·경제·사회·문화 모든 영역에 영향을 미치고 나아가 미국역사의 방향을 결정하는, 매우 중요한 기능을 한다. 이러한 연방대법원이 1950년대까지는, 경찰의 공권력행사가 전근대적이고 인종차별적이며 반인권적인 모습을 띠고 있었음에도 경찰의 법집행 분야에 영향을 미치는 판결을 내리지 않았다. 그러다가 1960년대부터 기념비적인 판결들을 통해 경찰의 공권력행사에서 획기적인 변화를 일으켰다.

가장 혁신적이고 진보적이었다고 평가받는, 1960년대와 1970년대 워런 연방대법원장 시절에 내려진 판결들은 개인의 인권존중과 절차적 정당성을 강조하는 역할을 했다. 이 시기는 베트남전쟁, 흑인인권운동, 여성참정권운동 등 개인의 인권보장을 위해 싸우던 투쟁의 시대였다. 열악한 근무환경에서 고생하던 경찰관들도 숙원사업이던 경찰노조를 구성할 수 있게 되었지만, 아이러니하게도 반전운동과 인권운동을 강압적으로 진압하면서 탄압경찰, 폭력경찰이라는 오명을 뒤집어써야 했다. 이러한 사회적 분위기 속에서 1953년부터 1969년까지 미란다원칙, 독과실원칙 등이 탄생했고, 이는 한국을 포함한 수많은 나라에 영향을 미쳐 대다수의 나라에서 형사소송법의 기본원리로 채택했다.

경찰은 처음에는 "그러면 범인을 잡지 말라는 말이냐"라며 자조적인 푸념으로 받아쳤다. 현장을 모르는 대법원의 고상하신 대법관님들이 내린 엉뚱한 판례 때문에 어렵게 잡은 범인을 변호사 선임권이나 묵비권 등의 권리고지를 하지 않았다는 이유로 풀어줘야 하는 우스꽝스러운 상황이 벌어질 수 있다고 했지만, 다른 도리가 없었다. 경찰은 갈수록 더 법을 공부해야 했고 피의자의 인권을 존중해야 했으며 절차를 준수해야 했다. 이러한 연방대법원의 판결을 통해 전근대적이고 반인권적인 법집행이 전문화·선진화되었고, 이제는 경찰관이 신고를 받고 출동해 처음 범인을 마주한 순간부터 무기를 사용해 체포하고 이송하고 조사하는 모든 과정에서 법에 의한 감시를 촘촘히 받게 되었다.

연방정부에 의한 통제

미국은 경찰기능을 소방, 위생, 환경, 응급구호 등과 함께 자치의 핵심으로 보기 때문에 연방정부가 경찰을 직접적으로 통제하지 않을뿐더러 그럴 방법도 마땅치 않다. FBI가 전국 단위의 범죄통계나 수배, 범죄경력, 실종, 테러 등의 정보를 공유하기 위한 범죄정보공유시스템을 운영하고 있고 FBI경찰교육프로그램을 제공하지만, 간혹 부패한 경찰서장을 수사하는 정도이지 다른 통제는 하지 않는다.

역사적으로 미국은 주정부의 권한을 최대한 인정하고 연방정부의 개입을 최소화하는 방향을 지향했지만, 연방헌법을 만들어 이를 주정부가 채택하고 준수할 것을 미합중국 가입의 전제조건으로 했던 만큼 연방헌법을 침해하면 연방정부는 주정부에 개입할 수 있다. 다만 경찰기능은 자치의 핵심으로서 자치경찰이 잘못하면 자치정부에서 먼저 해결하고 그것도 안 되면 주정부가 개입하는 정도이고, 연방정부의 개입은 최후의 수단으로 두었다. 그리고 연방정부의 개입도 법적 근거가 있어야 하는데 이를 마련해준 사건이 한국에도 잘 알려진, LA폭동을 촉발시킨 로드니 킹 구타사건이다.

1991년 LA에서 오토바이를 타고 가다 교통신호를 어긴 로드니 킹을 LA경찰 네 명이 무참히 때리고 발로 찼는데, 이 모습이 비디오카메라에 고스란히 찍히면서 전국적으로 큰 반향을 일으켰다. 네 명의 경찰관에 대한 재판에서 배심원들 간의 찬반이 팽팽히 맞서다가 결국 무죄로 판결이 났고 이를 도화선으로 LA폭동이 일어나 53명이 죽고 2,000여 명이 다쳤으며 수백만 달러의 재산피해가 났고, 결국 주방위군이 동원돼서야 질서가 회복됐다. 사건의 영향으로 경찰의 소수인종에 대한 비인권적이고 차별적이며 지나치게 폭력적인 법집행문화를 근절하고자 1994년 폭력범죄처벌법Violent Crime Control and Law Enforcement Act이 제정되었다. 이 법의 골자는 경찰이 경찰력을 행사하는 데서 그 문화나 행태가 연방법이나 헌법에 위반될 경우 연방법무부가 바로 경찰을 상대로 소송을 제기할 수 있도록 한 것이다.

연방정부가 자치정부를 상대로 연방법원에 소송을 제기하면 연방법원은 양측의 주장을 듣고 해결책을 모색한다. 개인 간의 소송도 법률비용이 너무 부담되기 때문에 합의를 통해 해결하는 경우가 다반사이다. 정부의 다른 정부에 대한 소송도 실제 재판까지 가서 판결이 내려지는 경우는 없고 양측의 합의를 도출하는 동의서약consent decree이나 양해각서memorandum of understanding 체결로 마무리된다.

연방정부의 주장이 근거가 없을 경우에는 각하하고 근거가 있으나 경미한 위반일 경우에는 양측 간의 양해각서 체결을 통해 문제가 되는 부문을 시정하는 것으로 마무리한다. 중대하고 고질적인 위반일 경우 자치정부는 연방정부의 눈높이에 맞는 경찰개혁안을 마련해 최종적으로 연방판사의 승인을 받고, 연방판사가 지정하는 모니터팀이 자치정부가 개혁안을 실제로 이행하는지 감시한다. 이 감시는 최소 5년 이상 소요되며 정기적인 감시 결과 경찰의 법집행 문화가 충분히 개선되고 헌법침해소지가 없다고 판단되면 양측의 요청을 받아 연방판사가 최종적으로 판단해 동의서약의 종료를 선언한다.

자치정부의 자치와 주권을 최대한 존중하는 미국에서 이러한 위로부터의 통제를 허용했다는 것은, 그만큼 당시 경찰의 법집행 문화의 문제점이 심각했다는 것과 경찰 스스로는 물론이고 자치정부도 개선능력이 없었다는 것을 의미한다. 1994년 폭력범죄처벌법 제정 이후 연방법무부는 문제가 발생할 경우 해당 자치경찰을 대대적으로 조사해 연방법원에 제소하기 시작했다. 초창기에는 대부분 양해각서 체결로 마무리하다가 1997년 피츠버그경찰서를 대상으로 처음으로 동의서약이 시행되었다. 피츠버그경찰서는 동의서약을 통해 연방법원이 지정한 모니터팀에 일거수일투족을 감시받다가 5년이 지난 2002년에서야 감시체제가 풀렸다. 이후 피츠버그경찰서가 전보다 인권의식이 향상되고 법집행문화가 선진화되었다는 평을 받게 되면서 뉴올리언스, 볼티모어, 시애틀, 클리블랜드 등 총 17개 경찰서가 동의서약을 통해 외부에 의한 경찰개혁을 경험하게 되었고, 최근에는 시카고경찰이 동의서약을 진행하고 있다.

동의서약이 이렇게 경찰개혁에 긍정적인 효과가 있지만 연방정부의 정치색에 따라 이 제도를 바라보는 관점에 많은 차이가 있다. 보수 성향의 공화당은 자치경찰에 대한 연방의 개입을 꺼리고, 진보 성향의 민주당은 반대로 적극적이다. 부시 대통령 때는 3건의 동의서약이 있었던 반면 오바마 대통령 때는 11건이나 되었다. 이후 집권한 트럼프 대통령은 오바마 대통령 때 제기된 연방정부의 소송마저 재검토를 지시할 만큼 이 제도에 부정적이었다. 연방정부를 통한 견제는 이렇듯 단순히 그 효과를 따지는 데 그치지 않고 미국이 지향하는 방향과 관계되어 있어 동의서약 제도에 대한 논의는 앞으로도 계속될 것이다.

시민의 소송에 의한 통제

미국에서는 자신이 피해에 대해 소송을 제기하는 것이 한국보다 훨씬 당연시되고 익숙해서 경찰관이 업무수행 중 피해를 입히면 소송을 한다. 이때 가장 일반적으로 제기하는 소송이 연방법 1983조항 위반으로 연방법원에 민사소송을 제기하는 방법이다. 정부의 기능으로부터 시민의 기본권침해를 막겠다고 만든 1983조항은 정부의 법집행 중 경찰과 관련된 것이 가장 많아서 경찰관의 행위에 가장 많이 적용된다. 미국에서 경찰 관련 사고가 터져 소송전이 벌어지는 것을 보면 모두 이 조항을 들고 나와 연방법원에 민사소송을 제기하는 것이다.

1983조항에서 1983은 연도가 아니라 1871년 연방의회에서 제정된 연방법의 천구백팔십삼 번째 조항이라는 뜻이다. 조항의 내용은 간단한데 "헌법에 보장된 개인의 기본권을 침해당한 시민은 정부를 상대로 소를 제기할 수 있다"라는 것이다. 어찌 보면 당연한 조항인데도 이 조항은 1960년대와 1970년대 기본권신장운동이 일어나기 전까지 사문화되어 있었다. 그러다가 1976년부터 1983조항에 관한 소송을 하는 경우 패소한 측에 변호사비용까지 별도로 지불하도록 하자 변호사들이 피해자를 찾아내 소송을 부추기기도 하면서 관련 소송의 제기가 급격하게 늘었다.

1983조항의 부활로 가장 큰 타격을 입는 것은 아무래도 경찰이 소속된 자치정부이다. 라틴어로 '레스판덧 수페리오르respondeat superior'라고 하는 상급자책임을 뜻하는 법조어가 있는데, 이는 경찰이 잘못했을 경우 소속 공무원인 경찰관을 잘 교육시키고 훈련시켜야 할 책임이 시정부에 있기 때문에 시정부가 책임져야 한다는 논리이다. 경찰관에게 피해를 입은 시민은 이 논리에 따라 소속 경찰관을 책임지지 못했다는 이유로 자치정부를 연방법원에 고소하고, 1983조항을 전문으로 하는 로펌을 찾는다. 시민의 인권의식 향상과 각종 디지털증거 확보가 용이해짐에 따라 1983조항 소송은 늘어나기 시작했고, 이로 인해 자치정부는 합의금이나 배상금이 증가하기 시작했다. 1990년대까지만 해도 1983조항으로 소송을 제기해도 판사는 증거가 부족하다는 이유로 피해자보다 경찰관의 진술을 더 신빙성 있게 받아들여 재판에서 지는 경우가 많았지만, 1992년 로드니 킹 구타사건을 계기로 분위기가 완전히 바뀌었다.

경찰관이 잘못한 정도에 따라 시정부가 책임지는 범위도 달라지는데 판결도 연방법원이 위치한 주의 성향에 따라 약간씩 차이가난다. 진보적인 성향의 캘리포니아주나 일리노이주 같은 경우에는 시정부의 책임을 폭넓게 인정하는 편이라 이런 주에서는 경찰관의 비위 관련 소송이 제기될 때마다 시정부가 짊어져야 할 재정적 부담이 만만치 않다.

2011년 시카고에서 자크 리베라라는 33세 청년이 총기살인 누명을 쓰고 21년간 감옥생활을 하다가 방면된 적이 있었다. 그는 12세 때 시카고의 로건스퀘어에서 다른 16세 소년을 총으로 살해했다는 혐의를 쓰게 됐는데, 그가 총을 쏜 걸 목격했다는 목격자의 진술이 결정적이었다. 그런데 이 진술이 경찰관의 위협으로 만들어졌다는 게 드러났고, 결국 억울한 옥살이를 한 리베라는 석방 후 변호사를 고용해 경찰관의 악의적인 잘못에 대해 고용주이자 감독기관인 시카고정부를 상대로 연방지법에 소송을 제기했다. 6년에 걸친 소송 끝에 2018년 여름, 배심원단은 시정부가 리베라에게 1,700만 달러를 배상하라는 평결을 내렸다. 하지만 시정부는 배상금 외에도 로펌에서 고용한 변호사 17명이 2만 1,200시간 동안 활동해서 발생한 변호사비 580만 달러도 별도로 지불해야 했다.

시카고도 미국에서 세 번째로 큰 도시이다 보니 250명이나 되는 사내변호사가 있지만 자크 리베라 사건처럼 굵직한 사건에 대해서는 외부 로펌의 변호사를 고용한다. 사내변호사는 고용계약 당시의 정해진 봉급만 지급하면 되지만 외부 로펌의 변호사는 통상 활동시간당 300달러에 달하는 비용을 지불해야 하는데 시정부는 왜 이들을 고용할까? 보통 시정부를 상대로 하는 소송 중 가장 복잡한 것은 경찰관의 불법으로 인한 인권침해사건으로, 기간도 길고 준비도 복잡하며 법정에서의 법리다툼도 치열하다. 그러다 보니 월급 받고 일하는 사내변호사의 역량으로는 감당하기 어렵다고 판단해 비싸더라도 외부의 엘리트 변호사를 고용한다. 문제는 막대한 비용인데 세금으로 운영되는 자치정부이다 보니 변호사도 비용청구에 거리낌이 없고 지불하는 시정부 입장에서도 돈이 쉽게 나간다. 로펌에서 변호사를 고용하는 대신 사내변호사를 활용하라는 지적이 많지만, 시정부를 상대로 하는 인권침해소송에 특화된 대형 로펌들이 이 시장을 놓치기 싫어해 선거 때마다 시장 후보들에게 로비를 하고 있다.

장기간의 소송으로 가다 보면 소송비용이 너무 부담되고 결국 불확실한 싸움을 하느니 아예 피해자와 합의를 보는 게 낫다고 생각해 합의를 보는 경우도 많다. 그러다 보니 소송도 거치지 않고 목

돈을 줄 수 있다고 생각하는 사람들이 합의금을 노려 경찰관을 자극하고 피해를 부풀리거나 꾸미면서 소송을 남발할 수 있다. 1983 조항의 부활은 이처럼 경찰의 법집행에 대한 또 다른 견제장치로 중요한 역할을 했지만, 소송제기가 증가해 자치정부의 재정부담으로 이어지면서 세금이 낭비되는 부작용도 낳았다.

내부징계와 카메라에 의한 통제

외부에 의한 통제는 많은 비용이 들고 효과도 제한적이기 때문에 가장 좋은 것은 내부에서 감독자가 직접 통제하는 것이다. 경찰관이 제일 많이 겪고 영향을 받는 것은 내부징계이다. 하지만 경찰노조의 단체협상 내용에는 경찰관의 징계를 위한 조사부터 징계종류와 이의절차까지 포함되어 있고, 시정부와 노조의 협상은 그들만의 테이블에서 이루어지다 보니 징계 관련 사항이 외부에 의한 통제가 무색해질 만큼 경찰의 입맛에 맞게 만들어지고 있다.

가장 효율적인 통제여야 할 내부통제가 오히려 외부통제를 가로막는 장애물로 작용하자 개선을 요구하는 목소리가 나오고 있다. 단체협상 항목에서 경찰관 징계에 관한 사항은 제외시킨다거나 징계절차에 관한 합의내용은 외부에 공지해 시민의 감시를 받고 의견을 반영하도록 해야 한다는 주장들이다. 경찰노조가 시작될 때만 해도 경찰의 보수는 열악했고, 절차적 보호장치도 없어 줄을 잘못

서거나 지시에 따르지 않을 경우 보복성 인사조치도 많이 받았다. 하지만 지금은 그런 시대도 아니고 경찰노조는 그 어떤 나라 못지 않게 강력해져 징계절차에서 조사대상 경찰관의 권리는 지나칠 만큼 충분히 보장받고 있다.

20번 넘게 민원을 받고 그중 10번이 과다한 물리력사용에 따른 피해민원에 소송까지 당해 시정부가 막대한 손해배상책임까지 치러도 경찰관에 대해 징계 한 번 하지 못하는 게 정상은 아니다. 내부통제가 작동하지 못하면 자치정부만 부담을 지게 되고, 그 피해는 결국 질 나쁜 치안서비스를 겪고 세금부담까지 져야 하는 시민에게 돌아간다.

또 다른 직접통제로 최근 주목받는 것이 카메라에 의한 통제이다. 1990년 캘리포니아주 버클리에서는 '캅워치copwatch'라는 경찰감시시민단체가 설립됐다. 대도시별로 지부를 가지고 있는 이 단체는 카메라를 통해 경찰의 불법적이거나 과도한 법집행 그리고 인종차별적 물리력의 사용을 막겠다고 시작한 시민운동으로, 카메라나 스마트폰으로 경찰관의 법집행 장면을 촬영하여 잘못된 법집행을 사전에 예방하고 다툼이 생겼을 때 잘잘못을 판가름할 증거자료를 수집하겠다는 것이다. 초창기에는 경찰관에게 카메라를 강제로 빼앗기기도 하고 체포되기도 했지만 지금은 지속적인 활동과 전국적인 규모로 커진 네트워크로 인해 존재감이 상당하다. 누구나 가지고 있는 스마트폰은 그 자체가 경찰관의 법집행절차를 통제할 수 있는 훌륭한 무기이다. 편파적인 촬영과 악의적인 편집으로 여론을 잘못 이끌 수도 있지만, 촬영이 되고 있다는 사실만으로도 훌륭한 통제수단이 되는 것이다.

시민의 촬영에 의해서뿐만 아니라 경찰관의 순찰차에 부착된 카메라나 상의조끼에 부착되는 바디카메라에 의해서도 통제는 이루어진다. 대다수의 자치경찰이 바디카메라를 착용하고 있고, 시카고경찰도 2015년 흑인청년 라콴 맥도날드에 대한 밴 다이크 경찰관의 총기사용으로 사망사건이 일어난 후 바디카메라를 무조건 착용하게 하고 있다. 장비를 구입하는 것은 물론 촬영된 파일을 보관하기 위한 저장장치에 비용이 많이 들고 저장장치를 설치할 공간도 필요하다는 문제가 있지만, 오랫동안 시카고경찰의 위법행위로 피해를 본 흑인사회를 포함한 시민단체는 바디카메라가 다른 어떤 수단도 하지 못한 경찰관 통제기능을 해낼 것이라 믿고 열렬히 환영하는 분위기이다. 경찰관 중 일부도 카메라가 경찰관의 현장대응 모습을 고스란히 담는다면 악의적인 거짓민원 제기가 많이 줄어들 것이다며 찬성한다.

물론 바디카메라를 모든 지역의 경찰서가 채용하는 것은 아니다. 바디카메라를 평상시에는 꺼두고 있다가 출동해서 시민을 만날 때만 켠다고 해도 매일매일 쌓이는 파일을 저장하기 위해서는 저장장치를 지속적으로 구입해야 하고 이를 설치할 공간도 넓혀야 하니 운영하는 데 비용이 많이 든다. 그래서 총기사고가 많은 시카고 같은 대도시를 제외한 소도시의 경찰서는 지역주민의 여론도 참고하고 시정부의 재정상태도 고려해 선택적으로 도입하고 있다.

4,400만 달러짜리 범죄, 라포르타 사건

경찰관의 잘못으로 피해를 입은 사람은 경찰관을 먼저 고소할지라도 실질적인 타깃은 시정부이다. 미국에서는 이를 큰 주머니**big pocket**라고 하는데, 월급쟁이 경찰관의 얇은 주머니보다 정부의 곳간이 크다는 것을 빗댄 것이다. 고용주의 피고용인에 대한 관리감독의무를 철저히 묻는 미국의 법조계문화에서는 소송한 사람이 조금만 노력해도 승소할 확률이 높고 배심원도 배상액 결정에 후한 편이다. 2017년 시카고의 언론을 오랫동안 뜨겁게 했던 라포르타 사건은 시카고경찰의 문제점과 미국의 이런 법조계문화를 극적으로 보여준다.

시카고경찰 마이클 라포르타와 패트릭 캘리는 동갑내기에 대학교 동기동창으로서 함께 경찰관이 되었고 사는 곳도 가까워 비번날 같이 술도 마시는 사이였다. 2010년 1월 당시 30세이던 이들은 여느 때처럼 비번 날 어울려 바에서 술을 마시고 라포르타의 집으로 가서 술을 또 마셨다. 그런데 말싸움이 벌어지면서 순간 감정이 격해진 켈리는 자신의 권총으로 라포르타의 뒤통수를 쐈다. 그러고는 911에 신고해 라포르타가 자신의 총을 가지고 자살을 시도했다고 말했다. 병원에 실려가 수술을 받은 라포르타는 수개월간 의식불명으로 있다가 깨어났지만 뇌에 심한 손상을 입어 하반신에 마비가 왔고 평생 휠체어를 타야 했다.

당시 집에는 이들밖에 없었고 라포르타는 말을 못 하는 상태여서 경찰의 내부조사는 켈리의 진술로만 이루어졌는데, 라포르타가 켈리의 권총으로 자살을 시도했다는 것으로 결론을 내리면서 사건은 묻히는 듯했다. 하지만 라포르타의 가족은 가만히 있지 않았다. 켈리의 진술에서 라포르타가 왼손으로 권총을 잡고 자신의 뒤통수를 쐈다는데, 라포르타는 오른손잡이이고 평소 사냥을 즐기는 명사수이며 한 번도 문제를 일으킨 적이 없는 반면, 켈리는 정신질환병력이 있고 매우 폭력적인 성격으로 여러 번 문제를 일으킨 적이 있음을 들어 재조사를 강력히 요청했다.

기록에 의하면 켈리는 이미 2번이나 경찰로서 부적합하다는 정신과의사의 소견을 받았고 6번이나 시민에 의해 고소를 당했으며 12번이나 내사과에서 조사를 받은 적이 있었다. 그리고 이 중에는 여자친구에 대한 폭행과 알코올의존증, 임산부를 향한 테이저건 발사 그리고 상사인 여성경찰관에 대한 폭행혐의도 있었다. 시정부는 켈리 때문에 피해자들과 합의하는 데만 이미 120만 달러를 썼고, 이번 사건 외에도 10만 달러짜리 사건이 진행 중이었다. 라포르타의 가족은 여러 번 재조사를 요청했지만 그때마다 형식적인 조사만 반복되자 2014년 시카고경찰을 상대로 1983조항 위반을 이유로 연방법원 민사법정에 소송을 제기했다.

시정부는 경찰관의 업무수행 중 벌어진 일이 아니기 때문에 1983조항에 해당되지 않는다고 주장했지만 연방법원의 생각은 달랐다. 오랜 재판 끝에 2017년 10월, 10명의 배심원은 시정부가 피해자에게 4,400만 달러를 배상하라는 기록적인 평결을 내렸다. 배심원대표는 배상액 책정 이유로 피해자의 장애로 인한 평생의 치료비와 정신적 고통, 초기수사 미숙의 책임, 가해자가 평소에 반복적인 위법행위를 저지른 경찰관임에도 효과적인 관리감독의 부재와 징계의 부적절함 등 경찰의 관리책임을 들었다. 시카고경찰은 시정부 소속이기 때문에 시정부가 시민의 세금으로 이 배상금을 물어내야 했다.

그러면 이런 큰 범죄를 저지르고 시정부에 재정부담폭탄을 안긴 켈리는 어떤 처벌을 받았을까? 놀랍게도 형사처벌은 기소조차 되지 못했다. 형사재판은 민사재판에 비해 기소와 유죄판결에서 요구되는 증거의 수준이 훨씬 높다. 형사재판의 경우엔 조직과 자금 그리고 법률적 지식을 갖춘 국가가 그렇지 않은 시민을 상대로 하는 싸움이기 때문에 증거의 수준이 최고 레벨인 '합리적 의심이 조금도 들지 않아야 함'beyond reasonable doubt'의 단계여야 유죄로 인정한다. 하지만 민사재판은 동등한 시민끼리의 싸움이고 금전에 관한 것이기 때문에 요구하는 수준이 가장 낮은 레벨인 '좀 더 우세함 preponderance'이어도 된다. 그래서 민사재판에서 패해 엄청난 액수의 배상액이 발생했다고 해도 형사재판에서는 무죄가 나올 수 있는 것이다.

증거가 있어도 유죄를 입증하기 쉽지 않은데 목격자는 없고 피해자는 말을 못 하고 가해자는 자살시도였다고 우기니 시카고경찰은 가해자 말만 믿고 조사를 대충 마무리해버리면서 켈리의 범행을 입증할 뚜렷한 증거를 확보하지 못해 기소조차 못 한 것이다. 라포르타의 가족은 켈리가 비번이었기 때문에 그를 1983조항으로 고소하지는 못하고 주법의 위법행위로 인한 손해배상소송만 제기해 최종적으로 30만 달러에 합의했지만 켈리가 이미 파산 수준이어서 합의금도 절반밖에 받지 못했다.

노조 있는 경찰

경찰노조의 힘

미국경찰이 한국경찰과 눈에 띄게 다른 점 중 하나는 노조가 있다
는 것이다. 국가경찰 없이 수많은 독립된 자치경찰들이 단합을 유
지하고, 공정하고 당당한 법집행을 방해할 수 있는 자치단체장의
개입이나 경찰서장의 전횡 그리고 정치인의 외압을 이겨낼 수 있는
가장 큰 힘은 경찰노조의 존재이다.

미국은 군인 등 극히 특수한 신분을 제외하면 경찰을 포함한 공
공부문도 노조가 허용된다. 노조는 가입률이 높아 선거에 많은 영
향을 미칠 정도로 힘이 대단하기 때문에 정치인도 함부로 하지 못
한다. 한국에서는 공무원의 고용관계를 공법관계로 규정해 공무원
의 노동기본권을 제한해왔다. 그러다가 1998년 법제정을 통해 공

무원직장협의회 설립을 허용했으며 2019년에는 경찰공무원, 소방공무원도 공무원직장협의회 가입을 허용했다. 미국에서는 1960년대와 1970년대를 기점으로 거의 모든 주에서 단체행동권을 제외한 경찰의 노조설립과 단체교섭을 인정하고 있다. 그래서 경찰노조를 결성해 임원진과 회장을 선출하고 시정부나 주정부를 대상으로 정기적으로 단체교섭을 한다.

노조를 생각하면 빨간 띠를 이마에 두른 채 구호를 외치며 파업하는 것이 떠오르다 보니 파업을 진압하는 경찰이 노조를 만들고 파업을 한다는 것은 상상하기 힘들다. 하지만 미국과 유럽의 많은 나라에서 경찰노조를 인정하고 있고 파업을 제외한 노조활동 대다수를 인정하는 추세이다. 지금은 민간부문 평균 근로자 임금보다 더 많은 봉급을 받고 다양한 혜택을 누리지만 1960년대까지만 해도 미국경찰은 봉급과 처우가 매우 열악했다. 그러나 경찰이란 직업이 가진 특수성 때문에 경찰노조가 생기기까지 많은 희생과 난관이 있었고, 우여곡절 끝에 생긴 경찰노조는 미국의 경찰행정 지형을 완전히 바꿔놓았다.

1960년대 이전의 열악한 근무여건과 정치에 쉽게 휘둘리는 경찰이 지금은 시장이나 경찰서장과 함께 테이블에 앉아 행정결정에 참여하고 있고, 정치인이 무시할 수 없는 '표'를 가진 목소리가 되었다. 자치경찰제에 대해 가장 우려하는 점은 자치단체장이 독단적으로 경찰을 지배하는 것과 경찰이 정치권력에 휘둘리고 유착되는 것인데, 경찰노조가 자리 잡으면서 노조가 하나의 큰 세력이 되어 이를 견제하는 역할을 충분히 하고 있다.

　지역의 유력 정치인이 관련된 범죄를 수사하는 데서 외부의 청탁이나 압력이 있다고 해도 부당한 지시를 받았다는 노조원 경찰관의 민원을 접수해 노조위원장의 명의로 지시자에게 공개항의서한을 보낼 수 있다. 그리고 객관적인 증거가 뚜렷할 경우에는 언론에 이를 공개해버릴 수도 있어 정치인은 청탁이나 압력을 행사할 생각조차 못 하고, 경찰지휘부도 승진에 관심이 매우 낮은 경찰관들을 움직일 유인책이 없어 부당한 지시가 먹히지 않는다. 이렇게 경찰노조가 이룬 업적은 분명하다. 하지만 힘이 커지다 보니 이에 따르는 폐해도 많아 해결해야 할 과제 또한 산적해 있다.

1919년 보스턴경찰 파업

1960년대 경찰노조가 생기기 전 미국경찰은 지금과 많이 달랐다. 1800년대 말부터 대도시를 중심으로 근대경찰이 생겨날 때만 해도 경찰이란 직업에 대한 프로의식이나 안정화가 매우 약했고 정치인의 입김이 강해 이들의 입맛대로 행동하지 않으면 해고당하기 일쑤였다. 게다가 봉급도 매우 낮아 뇌물에 매수되기 쉬웠다. 그러나 치안기능은 국가공권력의 중요한 부분이어서 경찰은 다른 공공부문과는 달리 절대 노조를 결성하거나 단체교섭 또는 단체행동을 해서는 안 된다는 생각이 강했다.

경찰노조를 창설하려는 첫 번째 시도는 1919년 보스턴경찰 파업이다. 파업을 막는 경찰이 파업을 한다는 것과 치안공백에 대한 두려움으로 시민의 지지를 얻지 못해 성공하지 못했지만 이후 경찰노조가 설립되는 데서 밑거름 역할을 했다. 제1차 세계대전이 끝난 직후였던 당시에는 인플레이션이 심했는데, 보스턴경찰의 순경 봉급이 평균 1,400달러에 불과했다. 제복이나 장구도 개인이 직접 구입해야 해서 봉급에서 200달러는 여기에 사용되고 나머지로 생활했는데, 이는 비숙련 철강노동자보다도 적고 숙련된 목수나 기계공의 절반에도 못 미치는 액수였다. 초과근무수당도 없어 일주일에 최소 75시간, 최대 90시간을 근무해야 했고, 경찰서의 화장실이나 휴게실 등은 남북전쟁 당시 수준이었으며, 사소한 실수에도 정당한 징계절차 없이 해고당하는 경우가 많았다.

근무여건이 이렇게 열악한데도 노조설립이 불가능해 보스턴경찰은 1906년 친목단체 형태로 설립한 보스턴소셜클럽Boston Social Club을 통해 시정부에 봉급인상과 처우개선을 줄기차게 요구했지만 변화는 없었다. 그러던 중 다른 공공부문에서, 특히 경찰관과 파트너로 일을 많이 하는 소방관이 노조설립을 인정받고 노조를 통한 협상으로 임금인상을 이뤄내는 것을 보면서 보스턴경찰도 보스턴소셜클럽을 노조로 인정해줄 것을 요구했다. 하지만 요구는 묵살됐고 그러자 한국의 민주노총 같은 조합연맹인 전미노동연합AFL,

American Federation of Labor에 가입했다.

가입 후 보스턴경찰은 해당 단체를 노조로 정식 인정해줄 것과 단체교섭권을 요구하지만 시정부에서는 이를 거절했고 19명의 노조지휘부를 해고해버렸다. 결국 1919년 9월 9일 1,544명의 보스턴경찰 중 1,147명이 오후 5시 45분을 기해 파업을 시작했고 4일간의 소요와 혼란이 이어졌다. 시정부는 경찰의 파업으로 인한 치안공백과 파업차단을 위해 주경찰에 지원을 요청했고 파업에 가담하지 않은 경찰관과 자원봉사자로 버텨보려 했지만, 주방위군이 동원되어 질서를 회복할 때까지 약탈과 방화, 폭력으로 수백 명이 다치고 7명이 사망했다.

당시 경찰파업에 대해 시민들은 헌법을 수호하는 신성한 직업인 경찰관의 아주 나쁜 일탈로 보는 것도 모자라 볼셰비키적인 사회주의운동의 영향으로 매도했으며, 우드로 윌슨 대통령까지 나서서 비난했다. 파업은 전방위적인 질타를 받고 분쇄되었고 이에 가담했던 경찰관 전원은 해고되어 단 한 명도 복직할 수 없었다. 최초의 경찰노조 설립 시도는 이렇게 철저히 실패했고 노조연합도 경찰노조의 가입을 주저하면서 설립 시도는 한동안 암흑기에 접어들었다. 이후 50년이 지난 1960년대에서야 경찰노조가 설립될 수 있는 여건 세 가지가 조성되었다.

먼저 노조설립에 대한 법적 걸림돌이 사라졌다. 민간부문의 노조설립은 연방의회가 1935년 법을 제정해 합법화한 데 반해 공공부문에 대해서는 각 주정부에 합법화 여부를 맡겼는데, 1959년에 위스콘신주가 최초로 공공부문 근로자의 단체협약을 인정하면서 다른 주들도 이 흐름에 동참하기 시작했다. 다음으로 시장과 경찰서장이 절대적인 권한을 휘두르다 보니 승진이나 인사는 물론 징계도 원칙 없이 자의적으로 이루어졌고, 이에 불만을 제기하면 보복인사가 뒤따르면서 경찰관의 불만이 극에 달했다. 반면 노동조합은 전체적으로 노조원 수가 줄어드는 추세였는데 불만에 가득한 전국의 수많은 경찰공무원은 놓치기 힘든 고객이었다. 마지막으로 범죄가 증가하고 치안이 불안해졌음에도 경찰에 대한 처우가 나빠 새로운 경찰관을 뽑기 너무 어려웠다. 법질서를 강조해야 표를 얻을 수 있는 자치단체장 입장에서는 경찰관에 대한 처우개선을 약속해야만 하는 상황이었던 것이다. 그리고 그렇게 당선된 자치단체장이 경찰노조에 호의적인 입장을 보이면서 경찰노조가 본격적으로 시작되었다.

빛과 그림자

많은 희생과 오랜 기다림 끝에 경찰노조가 생겨나면서 경찰관의 봉급과 복지가 꾸준히 향상되었다. 시카고경찰국장의 경우 연봉이 26만 달러로 시카고시장의 21만 달러보다 많다. 한국의 파출소보다 경찰관 수가 적은 시카고 교외지역 경찰서의 경찰서장도 연봉이 15

만 달러이고, 15년 정도 근무한 경찰관은 도시별로 차이는 있지만 8만 달러 정도의 연봉을 받으며 부업까지 할 수 있어 한 해에 10만 달러는 벌 수 있다. 봉급이 오르면서 자연스레 경찰관이 되려는 사람도 많아져 요구하는 학력도 고등교육 이상에서 최소 2년제 대학교 이상으로 조정되었다.

이처럼 경찰관에 대한 처우개선이 직접적으로 이루어졌을 뿐만 아니라 경찰이 정치적으로 막강한 힘을 가질 수 있게 되었다. 선거에서 무시할 수 없을 만큼 노조원 수가 증가하면서 후보자들은 앞 다투어 경찰 관련 정책들을 내세우게 되었고, 당선 후에도 법집행 분야 정책결정 시 경찰노조를 파트너로 대하게 되었다. 한때는 경찰노조가 공공안전에 위협이 된다며 끝까지 반대하던 정치인들이, 이제는 이들을 무시하기는커녕 민주당이든 공화당이든 경찰노조에 우호적인 발언을 쏟아내고 있다. 무엇보다도 경찰노조로 뭉친 경찰관들이 한목소리를 내면서 경찰서장을 비롯한 지휘부가 하위 계급에 대한 징계나 전보 등의 인사권한을 자의적으로 행사하고 부당하거나 사적인 지시도 쉽게 내리던 문화가 빠르게 바뀌었다.

하지만 경찰노조로 인한 부작용도 자연스럽게 나타났는데, 점점 오르는 봉급과 증가하는 복지혜택 때문에 시정부의 재정에 부담이 가기 시작했다. 몇 년에 한 번씩 있는 단체협상에서 고용주인 시장은 당장 경찰의 표심을 얻고자 노조에 양보하게 된다. 양보해서 발생하는 재정적 부담은 자신의 호주머니가 아니라 시민의 세금으로 충당하고, 다른 부정적인 효과도 자신의 임기 때는 바로 나타나지 않으니 무책임한 양보가 계속된다. 그러다 보니 규모가 작은 시정부에서는 인건비상승으로 인해 경찰서 운영에 재정적 부담이 생기기 시작하고, 이는 인원감축이나 정규직의 계약직 전환으로 귀결되어 치안서비스의 질이 떨어지는 결과를 초래한다.

정치인의 구애에 취한 경찰노조는 점점 정치화되면서 노조원보다 외부 정치에 더 신경을 쓰게 되었고, 선거철만 되면 이를 둘러싼 잡음이 생겨나기 시작했다. 또한 법집행정책과 경찰행정변화의 한 축으로서 시장과 경찰서장의 파트너가 되어 활동하다 보니 그 정도가 지나쳐져 시대변화와 외부환경변화에 따른 정책개선을 방해하고 분명히 필요한 정책변화조차 노조원들의 기득권에 반하면 반대하거나 훼방을 놓기까지 해 그 피해가 고스란히 지역주민에게 돌아가는 일이 잦아지고 있다.

무엇보다 지휘부의 전횡을 없애는 데 많은 역할을 했던 경찰노조의 응집력은 동료의 잘못을 감싸고도는 '침묵의 문화code of silence'로 바뀌게 되어 경찰관의 잘못이 명백해 보이는 사건에 대해서도 경찰노조가 무조건 편들고 나서면서 경찰에 대한 지역의 여론을 악화시켰다. 게다가 경찰의 징계절차가 단체협상의 내용에 포함되면서 '나쁜 경찰'을 보호하는 여러 장치가 마련되었고, 이들이 경찰노조를 믿고 행하는 방만한 법집행으로 사회적 약자가 많은 피해를 보게 되었다. 2014년과 2015년, 흑인을 대상으로 경찰의 무리한 총기사용이 이어져 희생자가 발생하자 이를 성토하는 시위가 연일 이어졌는데, 경찰노조는 이에 대해 반성하거나 사과하기는커녕 끝까지 당사자를 감싸고돌았고, 심지어 해당 경찰관에 대한 징계나 사법처리에 대해 시정부와 재판부를 성토하기까지 해 경찰노조에 대한 부정적 인식을 키웠다.

노조도 자치경찰처럼

경찰노조가 다른 직업의 노조와 눈에 띄게 다른 특징으로는 크게 네 가지가 있다. 첫째, 용어이다. 일반적으로 노조를 의미하는 조합union 대신 협회association나 연합federation 또는 지부lodge라는 용어를 쓰는데, 노조의 활동이 허용되지 않았던 시절 전·현직 경찰관의 친목이나 복지를 위한 모임에서 출발했고, 당시 블루칼라 노동자들의 노동조합과 구분해 경찰이란 직업의 전문성이나 차별화를 강조하려는 의도에서 조합이라는 단어를 잘 쓰지 않게 되었다.

둘째, 전국적으로 통일된 경찰노조연맹체가 존재하지 않는다. 보통 하나의 직종에는 이를 묶는 전국 단위의 노조연맹체가 있다. 예를 들어 자동차산업이나 트럭운전사는 단일한 전국노조연맹을 갖고 있고, 경찰과 비교되는 소방도 전국 단위의 단일노조인 국제소방관협회IAFF, International Association of Fire Fighters가 있다. 하지만 경찰은 소방보다 인원도 몇 배나 많고 업무도 복잡하며 지역사회마다 치안의 성격이나 형태가 다르기 때문에 전국적으로 통일된 봉급이나 수당체계, 근무조건을 마련하기 어려워 노조의 단일화가 현실적으로 힘든 면이 있다.

셋째, 계급별로 다른 노조에 가입한다. 계급별로 노조가 다른 이유는 고용주와 단체협약 시 요구할 근무조건이나 보수가 계급별로 다르기도 하거니와, 감독자와 피감독자로 근무하다 보면 서로 간에 법적 분쟁이 발생할 수 있는데 같은 노조에서 이해당사자 양쪽을 변호하기 어렵기 때문이다. 그래서 경찰서 규모가 작은 경우에는 피감독자 계급인 순경과 나머지 감독자 계급 두 가지로 구분해 노조에 가입하기도 한다. 이렇게 계급 간 노조가 다르다 보니 고용주인 자치단체 입장에서는 하나의 단체협약이 아니라 여러 개의 협약을 체결해야 하는 불편함이 있다.

넷째, 노조 간 경쟁이 치열하다는 점이다. 하와이주경찰조직 **SHOPO, State of Hawaii Organization of Police Officers**이 유일한 단체협약대상자인 하와이주를 제외한 모든 주에서는 수많은 노조가 산재해 있으며 이들끼리 경찰관을 노조에 가입시키기 위해 경쟁한다. 미국 전체에 경찰관을 대상으로 하는 노조만 약 350개가 있는데, 다양한 서비스를 제공하면서도 가격경쟁 때문에 조합비를 낮추다 보니 서비스품질이 떨어지는 문제가 있다. 대도시 경찰서는 한 번 정한 노조를 그대로 유지하는 편이고, 교외지역은 정기적으로 바꾸는 곳이 많다.

가장 대표적인 경찰노조로는 경찰공제조합**FOP, Fraternal Order of**

Police이 있다. 경찰노조 중 역사도 가장 오래되었고 노조원 수도 가장 많은 경찰공제조합은 1915년 펜실베이니아주의 피츠버그경찰서 경찰관 두 명이 친목도모를 위해 설립했다. 이들은 노조를 염두에 두긴 했지만, 당시 경찰이 노조를 만드는 것에 대한 반감을 의식해 조합이라는 용어 대신 친목도모를 목적으로 하는 공제조합이라는 용어를 취했다. 이후 1970년 경찰노조가 합법화되면서 폭발적으로 성장해 현재는 테네시주 내슈빌에 전국본부를 두고 전국 약 2,100개 지부에 32만 명의 회원을 거느린 노조가 되었다.

경찰공제조합은 자체 강령으로 10인 이상을 노조 구성이 가능한 최소인원으로 정해놓았는데, 이마저도 채우지 못하는 경찰서는 자체 노조를 만들지 못하고 개인 자격으로 지역이 아닌 주의 경찰공제조합에 가입할 수 있다. 하지만 노조활동의 핵심인 단체협상은 자체 노조가 없으니 할 수 없고, 징계나 소송에 필요한 법률자문제공 등의 혜택만 받는다. 회비는 모든 회원이 동일하게 현역은 한 달에 54달러, 은퇴회원은 12달러이며 이 자금으로 단체협상을 하거나 회원 관련 소송을 위한 변호사를 고용하고 다양한 정치활동을 한다. 또한 친목단체의 기능도 계속 수행하고 있는데, 은퇴한 경찰관도 가입할 수 있어 이들끼리 여러 모임을 가지고 있고 후배 경찰이나 지역사회에 봉사활동을 하며 사망했을 때 상조회 같은 혜택을 받기도 한다.

지역노조는 지부라고 해서 일련번호를 부여한다. 예를 들어 시카고경찰은 순경만으로 구성된 지역노조로서 지부7로 불린다. 보통 지부는 한 경찰서 회원만으로는 모자라 복수의 경찰서들이 한 지부로 묶이는 경우가 많은데, 시카고경찰은 시카고 자체가 대도시이다 보니 노조원 수도 현직 약 8,000명, 전직까지 포함하면 1만 7,000명이 넘어 일리노이주에 있는 230개 지부뿐만 아니라 미국 전역에서도 규모가 가장 큰 지부가 되었다.

경찰공제조합의 지부7인 시카고경찰 순경노조는 1963년 본부와 계약을 맺은 이래로 현재까지 노조를 바꾸지 않고 있다. 일리노이주에는 일리노이경찰위원회ICOPs, Illinois Council Of Police처럼 특정 주에서만 활동하는 노조, 메트로폴리탄경찰연합MAP, Metropolitan Alliance of Police처럼 특정 지역에서만 활동하는 노조 등 여러 노조가 있어 경찰서에서 노조를 바꾸는 경우가 많다. 예를 들어 쿡카운티의 보안관 순경노조는 6년에 한 번씩 노조를 바꾸는데, 트럭운전사를 주요 대상으로 하는 팀스터Teamster에 가입했다가 얼마 전까지는 미국 최대 공무원노조인 미국주카운티시공무원연맹AFSCME, American Federation of State, County and Municipal Employees을 거쳐 현재 경찰공제조합에 가입해 있다.

가입은 자유롭게

미국은 민간부문 노동운동의 경우 연방법으로 규정하고 있지만 공공부문은 철저히 주정부의 관할사항으로 두고 있다. 따라서 주별로 공공부문의 노동운동 인정여부가 주의 입법내용에 따라 다양하다. 경찰의 경우 모든 주에서 단결권은 인정하지만 단체협상권은 조지 아주, 노스캐롤라이나주, 사우스캐롤라이나주, 테네시주, 버지니아 주 5개 주에서 금하고 있고, 파업은 하와이주, 오하이오주 2개 주를 제외하고는 모두 금하고 있다. 단체협상을 인정하지 않는 주는 인정 하는 주에 비해 임금이 30% 정도 적어 직업선호도도 그만큼 낮다.

경찰노조는 크게 세 가지 방식으로 운영되는데, 경찰서에서 특 정 계급 경찰관들의 노조 가입여부가 자유롭고 가입하지 않은 사람 은 조합비를 내지 않아도 되는 오픈숍open shop, 특정 계급 경찰관 들은 모두 가입해야 하는 클로즈드숍closed shop, 가입여부는 자유 이지만 가입하지 않아도 조합비는 내야 하는 에이전시숍agency shop 이 있다.

오픈숍은 노조 가입을 최대한 자유롭게 할 수 있는 장점이 있지 만, 가입률이 떨어져 노조의 재정구조가 취약해 노조가 적극적인 활동을 하기 힘들다는 단점이 있다. 반면 클로즈드숍은 모두가 가 입하니 노조의 재정구조는 좋지만 노조가입을 싫어하는 사람까지 도 무조건 가입해야 해서 의사선택의 자유가 없고 노조가 잘못해도 탈퇴나 미가입으로 자극을 줄 수 없다. 경찰공제조합에서 취하는 방식인 에이전시숍은 원칙적으로는 자유롭게 가입할 수 있지만 조 합비를 무조건 납부해야 하기 때문에 사실상 반강제적으로 가입해

야 하는 면이 있다. 그러나 비노조원의 무임승차를 막을 수 있어 재
정구조가 탄탄해지다 보니 노조활동이 왕성해져 노조원 입장에서
는 좋지만, 지역사회 입장에서는 경찰노조가 강해지면 이들이 이익
집단화가 되어 경찰개혁에 큰 걸림돌이 될 수 있다는 문제가 있다.

노조에 유리한 단체협상

경찰의 노조활동에 대한 규제는 연방이 아닌 주의 영역이다. 주정
부는 기본적으로 노동조건협상을 위한 경찰의 단체협상권collective
bargaining을 인정하고, 노조활동에 대한 철학의 차이에 따라 서로
다른 단체협상모델을 택한다. 단체협상모델로 가장 보편적인 것은
구속중재모델binding arbitration model로, 양측의 협상이 합의점을 못
찾으면 독립적인 중재자를 선정해 중재자가 최종결정을 하도록 한
다. 이외에 중재자의 개입 없이 끝까지 협상하고 안 되면 최종적으
로 고용주가 결정하도록 하는 반복협상모델meet and confer model과
협상이 의무사항이 아닌 임의협상모델bargaining not required model이
있으나 이 모델들은 노조활동을 제한하는 면이 있어 거의 쓰이지
않는다.

주정부는 소속 자치정부의 단체협상을 관리감독하는 공공고용
관계위원회PERC, Public Employment Relations Commission를 두고 있다.
단체협상의 협상항목에는 임금과 복지 그리고 근무조건 등이 포함

되고 고용주의 조직관리를 위한 행정에 대한 것은 고용주의 고유권 한으로서 협상에서 제외된다. 경찰은 파업금지가 일반적이라 협상을 압박할 카드가 없다고 할 수 있지만, 선거가 일상인 미국에서 노조원 수가 많은 경찰노조의 결집된 표심이 자치단체장 선거에 큰 영향을 미치기도 하거니와 협상이 결렬되었을 때 나서는 중재자도 대부분 친정부보다는 친경찰 성향을 띠기 때문에 협상에서 무조건 불리한 위치에 있다고 보기 어렵다. 협상팀은 보통 시정부 측은 협상대표, 재정담당, 법률자문, 인사담당 그리고 경찰서장이나 상위 계급감독자로 구성되고, 노조 측은 노조위원장, 노조협상가, 노동법률자문, 현장 경찰관으로 구성된다. 협상을 유리하게 이끌기 위해 외부에서 협상가를 고용하기도 하지만 내부 사람을 활용하는 게 일반적이다.

대도시의 경우에는 경찰관 수가 많아 계급별로 노조가 있고 경찰서에 고용된 민간계약직도 별도의 노조를 갖고 있기 때문에 시정부는 단체협상을 여러 번 해야 한다. 각 계급별로 봉급이나 근무조건, 복지혜택을 달리 해서 협상을 하는데 시정부로서는 큰 부담일 수밖에 없다. 시카고정부는 순경노조인 경찰공제조합, 경사·경위·경감·경정이 각각 따로 가입한 경찰자선보호협회PBPA, Policemen's Benevolent & Protective Association, 민간계약직 노조 2개, 총 6개 노조와 별도로 단체협상을 한다. 반면 중소도시에서는 순경과 감독자 계급으로 양분해 2개 노조가 있는 경우가 대부분이고 경찰관 수가 적어 아예 노조를 만들 수 없는 경찰서는 경찰관을 고용할 때 기존 근무조건을 수락하는 방식으로 계약하기 때문에 단체협상은 먼 나라 얘기이다.

단체협상을 통해 최종적으로 맺어진 단체협약은 양측의 대표인 시장과 경찰서장 그리고 노조위원장이 서명하면서 완료되는데 협약의 효력은 보통 3~5년이다. 단체협상이 순조롭게 진행되지 않고 결렬이 이어지면 최종적으로 양측이 합의하는 중재자를 선택해 중재단계에 돌입한다. 이 중재자는 연방중재자협회**AAA, American Arbitration Association**에 등록된 중재자목록에서 양측이 후보자를 좁혀나가 정한다. 중재자의 중재과정에서 청문회가 진행되는데 청문도 한 번으로 끝나지 않고 4, 5일씩 진행하는 경우가 많으며 이때 양측에서는 각각의 주장을 입증하는 자료와 프레젠테이션 그리고 증인을 요청해 중재자를 설득하기 위한 노력을 다한다.

협약이 종료되는 시점이 다가오면 다음 협약을 위한 단체협상에 돌입할 것 같지만 그렇지 않다. 현 협약이 종료되고 나서도 느긋하게 다음 협약을 준비하는데 실질적으로 새로운 협약이 체결되기까지 보통 2, 3년이 걸리는 경우가 많다. 현 협약이 종료되고 난 후라도 새로운 협약이 체결되기까지는 종료된 협약의 적용을 받게 되고 새 협약이 체결되면 소급적용을 받는다. 그래서 노조원인 경찰관은 새 협약이 체결되는 날 새 봉급인상기준에 의해 소급적용되어 계산된 추가 봉급이나 수당을 한꺼번에 수표로 받을 수 있어 보너스를 받은 것처럼 아주 좋아한다.

리스크가 큰 파업

경찰이 파업한다는 것은 상상하기 힘들다. 사람 사는 사회에서 법과 질서가 지켜져야 하는 것이 기본인데 잠시라도 경찰이 손을 놓아버린다면 그로 인해 발생할 무질서와 혼란은 생각만 해도 끔찍하다. 그래서 경찰의 노동권을 인정하는 나라들도 경찰의 파업만은 인정하지 않는 경우가 많다. 이는 당사자인 경찰 자신도 마찬가지이다. 권익신장을 위한 최후의 수단으로 파업밖에 안 남았다고 해도 이로 인해 가장 피해를 보는 사람은 시민이고, 따라서 경찰에게 돌아갈 비난과 책임을 감당하기 어려워진다. 또한 파업을 진압하는 데 같은 경찰서의 다른 경찰관이나 인근의 시경찰, 보안관, 주경찰, 심할 경우 주방위군이 동원될 수도 있어 얻는 것보다 잃는 게 더 많을 수 있다.

미국은 공공부분 노조활동에 대해서는 연방법이 아닌 주법으로 규제하는데 대부분의 주에서 금지시켜놓았고, 합법인 주에서도 노사 간 협약을 통해 파업금지를 합의하거나 공공의 안전을 위해 그때그때 법원명령으로 금지할 수 있다. 노동운동에 호의적인 일리노이주에서도 주법에 교사의 파업은 허용하고 있지만 경찰관과 소방관의 파업은 금지하고 있다. 그래서 극단적인 파업은 일어나기 힘들고 경찰노조가 단체협상이 오랫동안 교착되어 있다든지 시정부 또는 경찰지휘부의 정책에 반기를 들 때 파업 대신 다양한 형태의 쟁의행위를 택한다.

쟁의행위로는 업무감속work slowdowns, 업무강화work speedups, 업무중지work stoppages가 있다. 업무감속은 말 그대로 신고출동 등 업무처리를 느리게 한다든지 교통티켓 발부를 줄여 시정부의 재정수입을 적게 하는 방법으로, 뉴욕경찰이 이 방법으로 티켓 발부를 줄이자 단 두 달 만에 재정수입 230만 달러가 사라졌다. 이와 반대로 업무강화는 티켓 발부를 몇 배 강화하는 것으로 교통티켓 발부는 물론 경범죄단속도 강화해 시민이 경찰의 주장에 관심을 갖도록 하는 방법이다. 마지막으로 업무중지는 경찰독감, 일명 블루플루 blue flu라고 불리는 것으로 경찰관들이 독감에 걸렸다는 이유로 집단병가를 내서 업무를 마비시키는 방법이다.

블루플루는 2020년 7월 4일 미국독립기념일에 미국 전역에서 많은 경찰관이 사용했는데, 조지 플로이드 사건 이후 계속되는 경찰에 대한 사회적 비난과 비판에 항의하기 위해서였다. 당시 현지 경찰관들의 반응을 파악하고자 쿡카운티의 보안관을 전화로 인터뷰했는데, 미니애폴리스경찰서의 경찰관 쇼빈이 조지 플로이드에 대해 비상식적으로 과도한 법집행을 하여 사망하게 한 데 대해 같은 경찰관으로서 책임을 느끼지만, 거의 모든 언론이 하나같이 경찰을 성토하고 비판하는 데 열을 올리고 경찰의 목소리는 그 누구도 대변해주지 않는 데 절망감을 느낀다고 했다. 심지어 미니애폴리스에서는 경찰서를 해산하고 '경찰'이라는 이름조차 지워버리려 하는 데 대해 경찰이라는 직업에 자부심을 느끼고 일하는 모든 경찰관이 느꼈을 허탈감을 간접적으로나마 표현하고 싶었다고 한다.

사기가 저하된 경찰관의 치안활동은 위축될 수밖에 없고 이는 고스란히 시민에게 피해로 돌아가기 마련인데, 실제로 조지 플로이드 사건 이후 뉴욕과 시카고의 범죄율이 급증했다고 한다. 하지만 이런 방법들을 공개적이고 대규모로 사용하기에는 무척 조심스럽다. 경찰관의 집단행동으로 피해를 입은 사람들이 생기면 소송이 많은 미국에서는 경찰노조나 집단행동에 참가한 경찰관들을 대상으로 소송이 제기되어 큰 부담만 떠안는 경우도 있기 때문이다. 그래서 암묵적으로 시도할 수밖에 없고 단체행동을 계획하다가 사전에 정보가 누출되어 시정부나 시민단체의 항의, 협박에 못 이겨 사전에 포기하는 경우도 있다. 조지 플로이드 사건처럼 경찰이 자신의 목소리를 내기 위해서 하는 경우는 드물고 대개는 처우나 복지와 관련된 이슈이다. 그리고 업무의 특수성 때문에 파업을 주법으로 금지시켜놓았다고 해도 단체협상 결렬 시 구속중재binding arbitration가 있고 중재제도도 경찰노조에 유리하기 때문에 경찰이 굳이 파업을 고집할 필요는 없다.

우리는 정치적 행동을
해야 합니다

"모든 정치인은 두 가지 목표가 있습니다. 하나는 당선되는 일이고 다른 하나는 재선하는 일입니다. 그 외의 다른 모든 것은 이들에게 하찮은 일일 뿐입니다. 그래서 정치인에게 여러분은 두려운 존재여야 하고 그래야 여러분은 훨씬 더 나은 위치에 있게 될 것입니다. 여러분이 힘이 없으면 아무것도 얻을 수 없습니다. 우리는 정치적 행동을 해야 합니다. 그래야만 정치인들이 우리를 함부로 하지 못할 것입니다. 정치행위가 없으면 우리는 단지 구경꾼에 불과할 뿐입니다."

텍사스주법집행연맹조직CLEAT, Combined Law Enforcement Associations of Texas 위원장 론 델로드가 1998년 호주 애들레이드에서 개최된 국제경찰협회IPA, International Police Association 총회에서 연설한 내용 중 일부이다. 미국에서는 자신의 권리를 주장하기 위해 그룹을 만들고 세를 키워 정치인에게 표심으로 어필하든지, 기금을 모아 특정 후보를 지지해 보험을 들어놓든지, 그것도 아니라면 직접 후보를 배출하든지 하는 정치행위가 필요하다. 미국경찰이 가진 힘은 다른 어떤 조직보다 수가 많다는 점이다. 이 수의 우위는 표와 연결되기 때문에 정치인에게 막강한 위력을 발휘한다. 지역경찰들도 비록 현직에 제복을 입은 상태로는 정치행위를 못 하게 돼 있지만 비번 날 사복으로 지지하는 후보의 전단지를 나눠준다든지 자신의 차량에 특정 구호 스티커를 붙이고 다니는 등의 소극적인 정치행위는 할 수 있다.

경찰노조는 시장이나 시의원 중 자기편을 만들어놓아야 경찰 관련 법안이나 정책을 입안할 때 우호적인 분위기를 만들 수 있고 단체협약 시에도 좋은 보수나 복지, 근무조건을 얻어낼 수 있기 때문에 선거철이면 바쁘게 움직인다. 보통 정치행위위원회PAC, Political Action Committee를 만들어 기금을 모집하고 이를 지지하는 후보에게 지원하는데, 후보는 선거운동에 돈이 필요하고 경찰노조는 지지하는 후보가 당선되면 단체협약 때 음으로 양으로 기부했던 돈을 돌려받을 수 있으니 서로에게 좋다.

대통령선거처럼 중요한 시기에는 전국적으로 연합해서 세력을 키우고 기금을 모아 강력한 정치행위위원회Super PAC를 만들어 친경찰 성향의 후보에게 공개지지서한을 보내고 이를 언론을 통해 발표한다. 경찰관은 대개 공화당 후보를 지지하는 경향이 있는데, 아무래도 진보적인 민주당의 경우 인권을 중시해 경찰관의 과한 법집행 방식에 문제를 제기하는 등 반경찰 성향을 보이기 때문이다. 하지만 공화당도 기본적으로는 노조활동을 싫어하고 총기규제도 반대해서 경찰노조와 충돌하는 면이 없지 않다.

경찰공제조합 전국회장 척 캔터베리는 2016년 대선에서 공화당 후보였던 트럼프를 공개지지했다. 트럼프는 대통령에 당선된 후 이에 대한 보답으로 캔터베리를 비롯한 경찰노조 임원진을 백악관으로 초청했고 경찰을 지지하는 발언과 정책을 폈다. 트럼프 대통령의 공개적인 경찰지지발언은 성격만큼이나 화끈해서 경찰관의 전폭적인 지지를 받았는데, 2019년 시카고에서 열린 국제경찰장협회 총회 때 그 인기를 실감할 수 있었다. 당시 트럼프 대통령은 시카고와 사이가 불편했던 터라 공항 도착 날 일리노이주지사, 시카고시장, 시카고경찰국장 모두 얼굴도 비치지 않고 그를 냉대했지만 시카고경찰노조위원장 케빈 그레이엄은 열렬히 영접했고, 트럼프 대통령의 축사에서는 발언 하나하나에 경찰관들의 우레와 같은 박수가 터졌다.

대통령 후보뿐만 아니라 자신들에게 영향이 있는 시장이나 의원들 선거에서도 특정 후보를 정해서 공개지지선언을 할 때가 많다. 해마다 선거철이 다가오면 경찰노조사무실에는 후보들이 공개지지선언을 얻으려 방문한다. 시의원뿐만 아니라 시장 후보들도 경찰노조의 공개지지만 확보한다면 큰 힘을 얻을 수 있기 때문인데, 경찰노조로서도 함부로 후보를 택할 수 없어 회원들끼리 토론과 투표를 정해 지지자를 정하기도 하고 시의원의 경우 아예 지지하는 후보자 명단을 만들어 공개하기도 한다.

공개지지선언 외에도 경찰노조는 간혹 특정 정치인이 경찰에 부당한 압력을 행사한다든지 경찰서장이 사건청탁 등 부당한 지시를 하게 되면 서신을 보내 경고하거나 언론을 통해 해당 사실을 공개하는데, 이와 별개로 가장 강력한 방법은 해당 인사에 대한 불신임결의를 하는 것이다. 노조원들의 투표에서 과반 이상으로 결의가 통과하면 언론브리핑을 통해 불신임을 발표한다. 2019년 8월 뉴욕 경찰노조는 2014년 발생한 흑인 에릭 가너 사망 사건과 관련된 경찰관을 파면시킨 데 대한 반발로, 빌 드블라지오 뉴욕시장과 제임스 오닐 뉴욕경찰국장을 불신임결의하고 두 사람이 직에서 물러날 것을 요구했다.

물론 불신임을 받았다고 해서 물러나야 하는 것은 아니지만 불신임을 받았다는 것 자체가 선출직인 시장으로서는 재선에 매우 불리하다는 뜻이고, 부하직원들에게 불신임을 받은 경찰서장은 입지가 좁아질 수밖에 없다. 하지만 최근에는 경찰노조의 지나친 강성 행보와 불신임 남발로 시민의 호응을 얻지 못해 위력이 예전만 못한 상황이다.

PART 4

총과
경찰

거친 환경에 놓인 미국경찰

미국의
총기문화

민간인의 총기소유

미국과 한국의 치안환경에서 가장 큰 차이는 민간인이 총이 있느냐 없느냐는 것이다. 민간인의 총기소유는 미국경찰의 치안환경을 극적으로 바꿔놓았다. 치안에 대해 총을 든 범죄자를 제압한다는 전투적인 개념으로 접근하는 것도 다 이 총 때문이고, 미국경찰이 공권력이 강할 수밖에 없는 것도 상당부분 총의 존재 때문이다. 한국 경찰이 친절하고 섬세하며 취객의 멱살잡이까지 감내하는 부드러움을 지닌 것도 한국에는 총이 없기 때문이다.

미국인은 총을 가지고 있다. 그것도 아주 많이 가지고 있다. 시카고는 해마다 총기사건으로 500명 넘게 민간인이 죽는다. 갱들끼리 총격전을 벌이다 사망하는 일도 있고, 이들이 무차별적으로 쏘아대는 총알이 벽이나 아스팔트에 튕겨 지나가던 행인이 맞고 사망하는 경우도 있고, 마약에 취해 사냥하듯 총을 쏘는 사람 때문에 사망하는 경우도 있다. 미국 전체에서 해마다 약 10만 명이 총에 맞아 죽거나 다치고 있고, 심심찮게 터져 나오는 총기난사사건은 미국인에게 삶의 일부가 되어버렸다.

《뉴욕타임스》에 의하면 1970년 이후 지금까지 총기로 미국에서 145만 명이 사망했는데 이는 미국이 역사적으로 치른 남북전쟁, 양차 세계대전, 한국전쟁, 베트남전쟁, 아프가니스탄전쟁, 이라크전쟁에서 사망한 미군의 전체 숫자를 상회한다. 빈부차이가 심한 시카고는 빈곤지역인 남부에서 주로 총기사건이 발생하는데, 총격으로 바람 잘 날 없는 시카고를 사람들은 시카고와 이라크를 합쳐 '시라크'라고 부른다. 2003년 3월 20일부터 2011년 12월 18일까지 미국이 치른 이라크전쟁에서 사망한 미군은 4,418명이었는데 이 기간에 시카고에서 총격으로 사망한 사람이 더 많다고 해서 붙여진 별명이다.

천문학적인 돈을 쏟아부은 전쟁보다 국내에서 총으로 사망한 사람이 더 많다는 사실이 참으로 아이러니하다. 가정에 있는 총으로 인해 부부 간 다툼이 총격으로 번져 사망사고가 발생하고, 안전장치 없이 보관한 총을 부모가 집을 비운 사이 아이들이 갖고 놀다가 사고로 죽는 경우도 많다. 자살을 시도할 때도 다른 수단보다 총을 사용했을 경우 치사율이 훨씬 높다. 이렇듯 총이 흔하고 총기사건이 비일비재하다 보니 총이 없는 한국과 치안환경이 아주 다르고 이에 대처하는 경찰의 행동도 다르다.

미국 외에도 민간인의 총기소유가 허용되는 나라는 많다. 다만 규제가 엄격하고 까다로워 미국만큼 갖고 있지 못할 뿐이다. 스위스나 이스라엘도 상당수의 민간인이 총을 소유하고 있다. 하지만 이 경우는 국방을 위해 현역 군인 외에 상당수의 예비군을 유지하다 보니 민간인, 특히 성인남성의 총기소유를 허용하는 것뿐이고, 따라서 무기도 집 안의 무기고에 보관해야지 미국처럼 가지고 다니는 것은 허용되지 않는다. 한국에서도 2016년 10월 도봉구 오패산 터널에서 사제총기범에게 총을 맞아 경찰관 한 명이 죽고 시민이 다친 적이 있지만, 한국에서 총은 거의 완벽하게 통제되어 있어 경찰관이 시민과 총으로 대치할 일은 없다.

상황이 이렇다 보니 미국경찰의 치안환경은 전 세계 어느 나라와도 다를 수밖에 없다. 시민은 지시에 따르지 않으면 경찰에 총 맞아 죽을 수도 있다는 공포를 항상 갖고 있고 경찰관도 자신이 길거리에서 마주하는 시민이 품 안에 총을 숨기고 있을 수 있다는 두려움을 가지지 않을 수 없다. 총이 있는 한 시민은 경찰과 절대 가까워질 수 없고 한국에서 우리가 흔히 접하는, 취객이 경찰의 멱살을 잡는다든지 한밤중에도 시민이 치안을 믿고 혼자 산책한다든지 하는 일은 벌어지지 않을 것이다.

미국의 자치 수준이 세계적으로 특이하고 유례를 찾기 힘든 것처럼 미국의 총기문화는 우리 시각으로 이해하기 어렵다. 이들이 이렇게 많은 총기사고를 겪고 많은 희생자가 발생해도 끝까지 총을 놓지 못하는 것에 대해 어떤 사람은 헌법으로 정해놓은 기본권이라 어쩔 수 없다고 말한다. 하지만 수정헌법 2조에 총에 관한 규정을 적은 이유와 당시 이 규정을 만든 사람들의 취지를 알아야 하고, 우리와는 다른 이들의 역사와 경험을 알아야 비로소 미국의 독특한 총기문화를 어느 정도 이해할 수 있을 것이다.

총이 너무 많은 나라

미국인은 역사적으로 총과 항상 함께했고 그 어떤 민족보다 총을 사랑하며 총을 자유정신의 표상으로 생각하고 있다. 단지 시대와 문화에 따라 총에 대한 규제가 바뀔 뿐이다. 미국에는 현재 권총, 소총, 샷건 등 총 3억 5,000만 정의 총을 민간인이 소유하고 있는 것으로 알려져 있다. 게다가 해마다 약 800만~900만 정의 총기가 새로 구입되고 있다. 총이라는 게 썩는 물건도 아니고 불법총기들이 압수되어 분쇄되고 있다고 해도 새롭게 유입되는 총이 사라지는 총보다 많기 때문에 점점 늘어날 수밖에 없다. 3억 5,000만 정이라는 숫자는 미국 인구가 3억 명이라는 점을 감안했을 때 민간인 1인당 최소 한 정 이상의 총기를 소유하고 있다는 뜻이다. 그리고 이는 전 세계 인구의 5%를 차지하는 미국인이 전 세계 민간인이 소유한 총의 35~50%를 소유하고 있다는 것이다.

미국인의 총기사랑은 각별해서 전 세계에서 연간 새롭게 생산되는 약 800만 정 중에서 450만 정을 구입하고 있다. 그리고 가정에서 보유하고 있는 총기 중 60%가 소총이고 나머지가 권총이다. 이렇게 통계만 보면 길거리에 다니는 미국인은 거의 다 총을 가지고 있는 거 아니냐고 생각할 수 있지만 성인 대부분은 총을 소유하고 있지 않다. 집에도 없고 가지고 다니지도 않는다. 다만 소수의 사람들이 보통 네다섯 정의 총을 갖고 있고 일부는 몇십 정이 넘는 총을 소유하고 있다.

총을 좋아하는 사람들은 건쇼gun show를 찾아다니고 전미총기협회에서 나오는 잡지를 정기구독하며 새로운 모델이 나오면 지갑을 열기를 주저하지 않는다. 돈을 들여 집에 총을 보관하는 무기고를 만들고 장비를 사다가 직접 총알을 제작하기도 하며 연말이면 친구들끼리 돈을 모아 총알을 할인된 가격으로 대량구매해 사격장에 가서 수백 발을 쏘아댄다. 한국에서는 총을 볼 일이 군대 아니면 사회에서 순찰 중인 경찰관이 허리에 찬 권총이 전부이다. 그래서 미국에서 사람을 만날 때 가끔 아무렇지 않게 권총을 차고 있는 남성이나 핸드백에 화장품과 함께 글록19를 넣어놓고 다니는 여성을 보면 섬뜩하기도 하고 한국에 사는 것을 감사하기도 한다.

경찰관도 대부분 총을 좋아한다. 새로운 모델이 나오면 홈쇼핑에서 신제품에 홀린 것처럼 구입하고 싶어 하고 사격장에서 쏴보고 싶어 한다. 이들 중에는 근무 중 사용하는 권총만 갖고 있는 사람도 있지만 대부분 집에 10여 정을 갖고 있고 50정 넘게 갖고 있는 경찰관도 있다. 지하실이나 서재 등을 자신의 총기전시장으로 만들어놓고 자랑스러워하기도 하는데 그 규모나 탄약수량을 보면 한국의 1개 파출소나 지구대가 보유하고 있는 화력을 훨씬 능가한다. 마치 사냥을 좋아하는 사람이 전리품을 박제해 자랑스럽게 전시하는 것처럼 이들은 다양한 총과 총기 액세서리 등을 전시해놓는다.

특이하게 보일 수 있으나 총기소유가 허용되는 미국인 중에는 이렇게 무기광이 많다. 이들은 정기적으로 사격을 하지 않으면 좀이 쑤시고 연말에는 딜러들이 하는 세일에 맞추어 삼삼오오 팀을 이루어 돈을 모아 엄청난 양의 총알을 대폭 할인된 가격에 구입한다. 마치 아마존으로 구입한 전자제품이 집에 배달되는 것처럼 수만 발의 총알이 상자에 담겨 집 앞에 배달된다. 그러면 크리스마스 선물을 받은 것처럼 좋아하고 총알을 수백 발씩 차에 싣고 가서 인근 사격장에서 하루 종일 쏘아댄다. 주별로 법이 다르지만 총에 대한 규제가 느슨한 남부의 일부 주에서는 교외 외곽 주택의 마당에 노천사격장을 짓고 맘껏 사격을 한다. 총알을 사서 쓰는 것 외에도 사격장에서 수거된 탄피를 재생해 파는 회사에서 재생탄피를 사고 딜러에게 탄두와 화약을 사서 집에 설치한 프레스기계로 총알을 직접 만들기도 한다. 허가 없이 개인이 총이나 총알을 제작해서 팔 수는 없지만 재생총알을 만들어 개인이 사용하는 것은 아무 문제가 없다.

총을 바라보는 수많은 시선들

총은 자기가 들고 있으면 안심이지만 남이 들고 있으면 불안하다.
제복 입은 사람이 들고 있으면 안심이지만 민간인이 들고 있으면
불안하다. 많은 사람이 모인 곳에서 여러 사람이 들고 있으면 괜찮
지만 한두 명이 들고 있으면 불안하다. 뉴욕, LA, 시카고 등 대도시
에서는 총기소유를 싫어해 총기규제가 심해지고 있고, 알래스카주,
와이오밍주, 몬태나주 등 숲이 많고 야생지역이 넓은 곳에서는 총기
규제가 느슨하다. 남북전쟁 후 공업지역과 도시에서 지지받았던 민
주당은 총을 더 규제해야 한다고 하고, 남부의 대농장에서 지지받았
던 공화당은 규제를 더 풀어야 한다고 한다. 흑인은 갱단이나 마약
범죄 연루자가 많아 총격으로 사망하는 비율이 백인보다 높아서 흑
인정치인은 총기규제를 원하고, 부유한 도시 근교의 큰 집에서 사는
보수층 백인남성은 자신을 지키려고 총을 더 갖고 싶어 한다.

총기소유를 침해불가의 기본권이라고 생각하는 사람들은 한 정
에 100달러도 안 하는 싼 권총 판매를 막으면 안 된다고 주장한다.
총은 가난한 자도 소지할 권리가 있는데 한 정에 500달러가 넘는
권총만 있으면 가난한 자의 기본권이 침해받는다는 것이다. 이에
반대하는 사람들은 싼 권총이 대부분 총을 살 수 없는 미성년자나

범죄자 손에 들어가는데 품질이 불량해서 오발이나 오작동으로 사고가 자주 발생하니 막아야 한다고 주장한다. 총기난사사건 뉴스를 보고 나면 어떤 사람은 총이 문제이니 총기소유를 더 규제해야 한다고 하고, 어떤 사람은 그 자리에 총 가진 사람이 있었다면 범인을 좀 더 일찍 제압해 사상자 규모가 훨씬 줄었을 거라고 한다.

누구는 헌법에 총을 가질 수 있다고 했으니 이는 제한 없이 보장되어야 하는 기본권이라고 하고, 누구는 필요에 따른 적절한 규제는 반드시 필요하다고 한다. 누구는 총을 규제하면 법을 지키는 선량한 시민은 총 갖기가 힘들어지고 결국 범죄자만 총을 갖게 되니 규제는 없을수록 좋다고 한다. 누구는 그러면 어차피 인간사회에 살인은 계속 일어나기 마련이니 살인죄를 없애야 하냐고 반문한다. 누구는 총기규제에 반대해서 소총을 어깨에 메고, 권총을 허리춤에 차고 일렬로 서서 도로를 행진하고, 누구는 총기를 모아놓고 트럭으로 짓밟아 부수는 퍼포먼스를 한다.

총을 보이게 가지고 다니기

2020년 4월 20일 코로나19가 한창이던 오하이오주에서 주정부의 주택격리stay at home 행정명령을 풀라는 시위가 발생했는데 시위대 중 일부가 무장을 하고 총을 든 채 구호를 외치는 모습이 뉴스에 나왔다. 백주대낮에 권총도 아닌 소총을 버젓이 들고 대로를 활보

하는 게 가능할까? 총을 보이게 가지고 다니는 것을 오픈캐리**open carry**, 안 보이게 가지고 다니는 것을 컨실드캐리**concealed carry**라고 한다. 총이 보이는 것이 더 위협감을 주고 불안하다고 느끼는 사람이 있는 반면 눈에 안 띄게 숨기고 가지고 다녀 상대가 총이 있는지 없는지 모르는 것보다는 아예 보이게 가지고 다니는 게 더 안전하다고 생각하는 사람도 있다.

　미국이 독립하고 영토를 넓히던 때 총은 필수품이었고 대부분은 총을 보란 듯이 가지고 다녔다. 오픈캐리는 자기보호를 위한 당연한 문화였다. 오히려 컨실드캐리를 누구를 몰래 죽이려든다든지 하는 불순한 의도로 보아 1800년대 중반부터 남부에서 금지시켰고, 오픈캐리는 공공연하게 터부시했지만 금지시키지는 않았다. 하지만 변해가는 주변 환경이 정작 오픈캐리를 불편하게 만들었다. 말안장에 꽂던 소총을 차에 매번 싣고 다니기도 그렇고 빌딩사무실에 출근하는 사람이 총 차고 엘리베이터 타기도 그렇고 어디 보관할 데도 마땅치 않다. 이제는 누가 뜬금없이 총을 메고 다니면 '자기방어를 위해 저럴 수 있지' 하는 게 아니라 '미친 놈 아냐?', '어디 누구 죽이러 가는 거 아냐?' 등의 의심을 사기 마련이다. 오픈캐리는 그렇게 문화적으로는 자연스럽게 사라졌지만 대부분의 주는 지금도 이를 존중하고 있어서 캘리포니아주, 플로리다주, 일리노이주, 뉴욕주, 사우스캐롤라이나주 등 5개 주만이 금지하고 있고 14개 주는 라이선스를 받으면 할 수 있으며 나머지 주는 규정 자체가 없어서 말 그대로 자연스럽게 인정하고 있는 모양새이다. 오픈캐리는 불법이어서가 아니라 본인이 불편해서 안 할 뿐이다.

오픈캐리로 총을 가지고 다니면 '나 총 가지고 있으니 건드리지 마라'라는 경고로 볼 수도 있지만, 권총만 해도 한 정에 600달러 정도로 꽤나 값나가는 물건이다 보니 범죄자에게는 꽤나 유혹적으로 보일 수 있다. 최악의 경우 상대방에게 빼앗겨 자신을 보호하려고 가지고 다니는 총에 자신이 희생양이 될 수 있다. 또한 총을 차고 다니는 사람을 보면 "수상한 사람이 총을 가지고 다닌다"라는 신고를 받기 쉽고, 경찰관과 마주쳤을 때 자기방어용으로 가지고 다니는 것이라고 설명해야 하는데 위협을 느낀 경찰관에게 오해라도 받는다면 그대로 총에 맞아 죽을 수도 있다. 그래서 지금은 오픈캐리가 법적으로 허용된다 해도 섣불리 하지 않을뿐더러 그럴 필요성도 느끼지 않는다. 하지만 어느 사회나 그렇듯이 사문화된 권리를 괜히 시험해보고 싶은 사람은 있기 마련이라, 전미총기협회 회원 일부를 비롯한 몇몇 사람이 옛날의 오픈캐리문화를 되살려보자는 생각으로 이를 시도해서 경찰관을 피곤하게 하는 경우가 있다.

이들은 오픈캐리가 법에 보장된 합법적인 행동이라며 소총을 어깨에 메고 권총을 허리에 차고 돌아다니고, 때로는 뜻이 맞는 사람들끼리 그룹을 지어 공원이나 광장을 행진하기도 한다. 이렇게 오픈캐리를 하는 돈키호테들은 경찰에게 참 골치 아픈 존재이다. 누가 소총을 메고 공원이나 광장을 돌아다닌다고 하면 신고전화는 불이 나지만 정작 출동해서 이를 제지하려 해도 5개 주를 제외하고는 불법이 아니기 때문에 딱히 제지할 명분이 없다. 특히 오픈캐리가 합법인지 모르는 경찰관과 경찰관을 체질적으로 싫어해서 처음부터 검문에 강하게 저항하는 사람 간에 오해가 생겨 위험한 상황이 벌어질 수도 있다. 어떻게 경찰관이 법을 모를 수 있냐 싶지만, 적용할 일이 없는 법조항이나 아예 언급이 없는 행동에 대해서 경찰관은 상식적으로 판단할 수 있다. 만에 하나 권리를 시험적으로 행사하려는 사람으로 생각하지 못하고 정신이상자가 무기를 들고 다니니 제압해야 한다고 생각한다면 일이 터지고 마는 것이다.

총을 안 보이게 가지고 다니기

컨실드캐리는 말 그대로 총을 안 보이게 가지고 다니는 것으로, 허리춤에 권총을 차고 윗옷으로 덮는다든지 백팩이나 가방 또는 핸드백에 넣고 다닌다든지 해서 상대가 내가 총이 있는지 모르게 하는 것이다. 총을 보이게 가지고 다니는 게 위험한지 안 보이게 가지고 나니는 게 위험한지 시각차가 있을 수 있는데 민간인의 총기소유가 금지된 한국에서는 총이 보이면 불편하고 긴장되는 게 당연하니까 총 자체가 안 보이길 원하고, 감춰서 가지고 다니는 것도 싫을 것 같다. 하지만 역사적으로 오랫동안 총을 보이게 가지고 다니던 미국에서는 안 보이게 가지고 다니는 것을 불순한 목적이 있는 것으로 생각해 한동안 금지했던 시기가 있었다. 컨실드캐리를 법으로 금지시켜야겠다는 생각은 1800년대에 시작됐다.

남부는 흑인노예의 노동력을 기반으로 한 플랜테이션을 통해 면화나 사탕수수를 재배해 막대한 부를 누리고 있었다. 농장주들은 미국에 살면서도 유럽의 문화나 풍습을 그대로 유지하고 있었는데, 특히 유럽의 기사도문화가 오랫동안 남아 있었다. 기사도문화의 영향으로 개인 간 분쟁을 칼을 가지고 하는 결투로 해결하다가 나중에는 총으로 바뀌게 되었다. 그래서 정정당당하게 자기 무기를 보이게 가지고 다니다가 서로 해결할 분쟁이 있으면 결투로 해결하는 게 신사의 도리였는데, 간혹 앙심을 품은 자들이 총을 숨긴 채 접근해 뒤에서 죽이는 일이 벌어지자 1813년 켄터키주나 루이지애나주 등 남부에서 이 비열한 컨실드캐리를 법으로 금지하기 시작했다. 남부에서 시작된 불법화 움직임은 다른 주로 퍼져 오랫동안 컨실드캐리는 미국에서 금지되었다. 이러한 전반적인 분위기가 바뀌기 시작한 것은 1980년대에 이르러서이다.

도시화가 진행되고 범죄율이 치솟으면서 범죄로부터 자기방어는 하고 싶은데 총을 오픈캐리하기는 불편해졌고, 특히 소총을 메고 다니는 것은 너무 과하기도 하거니와 주변 시선도 부담스러워 권총이라도 가지고 다니고 싶은데 서부개척시대도 아니라 오픈캐리는 아닌 것 같고, 그렇다고 몰래 가지고 다니자니 걸리면 처벌받고…. 이렇게 총을 가지고 다니고 싶어 하는 수요가 총을 많이 팔고 싶어 하는 총기제조회사의 로비력과 만나 1961년 워싱턴주를 시작으로 1980년대에 플로리다주를 비롯한 많은 주에서 오랜 금기를 깨고 컨실드캐리를 허용하기 시작했다.

처음에는 하나둘 허용하던 것이 겨우 50여 년 만에 이제는 미국 전역에서 컨실드캐리가 허용되었다. 총기규제가 엄격하기로 소문난 일리노이주마저 2013년 연방법원에서 패소하면서 컨실드캐리를 금지한 마지막 주가 되었다. 처음에는 꼭 필요한 사람에 한해 신청을 받아 신청자가 총을 가지고 다녀도 될 사람이고 가지고 다녀야 할 이유가 있는지를 경찰기관에서 엄격히 심사해 라이선스를 발급해주었다. 하지만 라이선스 발급절차가 점점 간단해지고 있고, 요건을 갖추어도 발급을 안 해줄 수 있는 제도에서 요건을 갖추었으면 꼭 발급해야 하는 제도로 바뀌고 있으며, 심지어 라이선스도 필요 없다면서 아예 절차를 없애버린 주도 늘어나고 있다. 현재 미국에는 약 1,200만 명이 컨실드캐리 라이선스를 갖고 있다.

총을 소유하려면

미국에서 총을 가지고 다니고 싶으면 먼저 총을 사고, 다음으로 컨실드캐리 라이선스를 받아 안 보이게 가지고 다니면 된다. 구체적인 방법은 50개 주마다 관련 법이 다르니 거주하는 주의 총에 관한 법이 어떤지를 살펴봐야 하는데, 총기규제가 가장 강한 캘리포니아주, 일리노이주와 가장 느슨한 앨라배마주, 알래스카주, 아이다호주 등을 제외한 대다수의 주에서 취하는 정책은 두 단계로 이루어진다. 먼저 FBI의 범죄경력신속조회시스템NICS, National Instant Criminal Background Check System을 거쳐 총을 구입하고, 다음으로 오픈캐리는 불법은 아니더라도 현실적으로 어려우니 컨실드캐리 라이선스를 받아야 한다.

범죄경력신속조회시스템은 구입신청자가 1년 이상 형기를 받은 전과자인지 수배자인지 정신병원 입원경력이 있는지 등을 검색해서 알려주는 시스템인데, '신속instant'이라는 말처럼 2분 만에 판정을 내려준다. FBI에 따르면 범죄경력신속조회시스템이 시작된 1993년부터 2019년까지 2억 건 이상의 체크가 있었으며 그중 200만 건 이상이 총기구입불가로 거절되었는데, 거절사유를 보면 전과기록이 37%, 가정폭력으로 인한 접근제한명령 수령자가 20%, 수배자가 18%였다. 하지만 해마다 약 3,000명 이상의 범법자, 정신질환자, 가정폭력범 등 부적합자들이 이 조회를 통과하는 것으로 추정되는 등 여러모로 허점이 많다.

조회는 전산상으로 2분 내에 결과가 나오지만 법률에 의하면 즉시 결과가 나오지 않을 경우 3일을 기다렸다가 바로 총기를 구매할 수 있다. 2015년 사우스캐롤라이나주 찰스턴에서 벌어진 흑인 교회 총기난사사건의 범인인 딜런 루프도 이 방식으로 총을 구매했다. 정신질환자의 경우 범죄경력신속조회시스템에 보고하는 것이 의무이지만 법원에서 판사가 심신질환을 이유로 치료감호 등의 처분을 내린 경우에 한하고, 정신질환자 대부분이 있는 민간병원은 보고를 하지 않아도 되었다. 그러나 2007년 버지니아공대 총기난 사사건 당시 정신질환자였던 조승희의 기록이 범죄경력신속조회 시스템에 보고되지 않았던 점을 계기로, 현재 33개 주에서는 법적 으로 모든 정신질환자 기록을 범죄경력신속조회시스템에 보고하 도록 하고 있다. 하지만 범죄경력신속조회시스템은 총기구입자가 라이선스가 있는 총기판매상에게 총을 구입할 때만 적용될 뿐 개인 간 거래나 온라인거래 그리고 총기박람회에서 행해지는 거래에는 무용지물이라 사실상 유명무실하다는 비판이 일고 있다.

컨실드캐리 라이선스도 총을 효과적으로 관리하는 제도라고 보기 애매하다. 초창기 라이선스제도를 만들 때만 해도 주로 주경 찰이나 보안관이 발급했는데, 신청자의 면면을 엄격히 심사해서 조금이라도 범죄를 저지를 가능성이 있다든지 폭력성이 있다고 판 단되면 발급하지 않았다. 한마디로 착한 인성이 인정되지 않으면 발급이 안 되었고 발급이 된다 해도 시일이 오래 걸렸으며 발급비 용도 만만치 않았고 유효기간도 짧아 해마다 갱신해야 했다. 발급 할 때 인종차별도 심했는데, 흑인인권운동을 하던 마틴 루터 킹 목 사도 신변의 위협을 느껴 앨라배마주정부에 여러 번 라이선스를 신청했으나 번번이 거절되었다. 이런 분위기를 총기로비단체에서 좌시할 리가 없어 끊임없는 로비와 법적 투쟁을 통해 점점 바꾸기 시작했다.

라이선스 발급에는 신청자의 자격을 심사할 때 발급기관의 판단재량을 많이 인정하는 '재량발급may issue'과 특별한 하자가 없으면 꼭 발급하도록 하는 '필수발급shall issue'이 있다. 초기에는 대부분의 주가 재량발급을 택했으나 지금은 필수발급으로 바꾸었고 이것도 모자라 아예 라이선스 없이 가지고 다닐 수 있게 한 주도 늘기 시작했다. 그래서 오픈캐리를 허용하고 라이선스가 없는 주의 경우에는 신분을 증명할 운전면허증이 있고 총을 살 돈만 있으면 당장 총기판매상에게 가서 2분밖에 걸리지 않는 범죄경력신속조회시스템을 거쳐 총을 살 수 있고, 이를 메고 다니든 허리에 차고 다니든 가방에 넣고 다니든 할 수 있다.

총기규제를 까다롭게 하고 있는 캘리포니아주의 경우 돈이 있다고 해도 총을 사려면 먼저 총을 사기 위한 신분증을 받아야 하는데, 이 신분증을 받는 데만 10일 이상의 엄격한 심사를 거쳐야 한다. 그리고 신분증이 있다고 해도 오픈캐리는 안 되기 때문에 컨실드캐리 라이선스를 받아야 하고 여기서도 엄격한 심사를 거쳐야 한다. 라이선스를 받지 못하면 운반은 가능하지만 소지는 할 수 없기 때문에 차로 이동할 때만 트렁크에 넣든 케이스에 넣든 손에 닿지 않는 차 뒷좌석에 두고 운반해야 하고, 이동이 끝나면 바로 집에 보관해두어야 한다.

힘겨운 총기와의 싸움

신대륙에 정착해 영국으로부터 독립하고 남북전쟁을 하고 인디언을 몰아내고 서부개척을 하고…. 이렇게 쉼 없이 빠르게 달려오는 동안 미국인에게 총은 생활필수품이었다. 그래서 총기소유로 인한 범죄나 부작용이 있다 해도 단속하려는 의지도 법규도 없었지만, 1900년대에 접어들면서 나라가 안정되다 보니 총이 뜨거운 감자가 되었다.

수동식이던 소총이 자동식으로 바뀌었고 탄창도 길어져 총알도 수십 발씩 넣을 수 있게 되었으며 권총도 황야의 무법자들이 쓰던 리볼버가 아니라 미니기관총이라 불리는, 탄창을 갈아 끼우고 방아쇠만 당기면 연속발사가 가능한 반자동으로 바뀌었다. 총의 성능이 좋아지자 자기방어보다 범죄에 많이 쓰이게 되었고, 총에 대해 별반 생각이 없던 주정부들은 늘어나는 총기범죄에 맞서 주 사정에 맞는 총기 관련 법들을 만들기 시작했다. 연방정부도 마피아 알 카포네가 밸런타인데이 학살을 저지르고, 보니와 클라이드 커플이 전국을 누비며 강도와 살인을 일삼으며, 케네디 대통령, 마틴 루터 킹, 존 레논 같은 주요 인사들이 총기암살을 당하는 등 총기 관련 범죄가 심각해지자 전국 단위의 총기규제법을 입안했다.

인구와 도시가 늘어나면서 대부분의 주정부에서는 강력한 총기규제를 시작했다. 총은 집에 보관해야 하고 가지고 다녀서는 안 되며, 보관할 때도 총알은 장전해서는 안 되고 공이장치는 분리해 보관해야 했다. 또한 반자동권총은 기관총과 같이 분류해서 민간인은 살 수 없게 했다. 하지만 더 작고 더 가볍고 더 강력해진 총을 사고 싶고 가지고 다니고 싶은 사람들이 많아서, 총기 관련 법이 만들어지면 총기소유기본권이 실질적으로 침해당한다는 소송이 줄을 이었다. 총기소유옹호단체들은 연방판사와 달리 선거로 뽑히는 주 판사들에게 로비하고, 법을 만드는 주의원들에게 로비했다. 그렇게 총기와의 싸움에서 최전선은 점점 밀려났다.

　권총은 작고 소총은 크기 때문에 선택적으로 규제한다면 소총을 규제하는 게 맞다고 생각할 수 있다. 하지만 총의 특성상 소총은 옛날부터 먹고살기 위해 짐승을 사냥하거나 적으로부터 자신을 방어하기 위한 물건이고, 권총은 작고 근거리용이어서 멀리 있는 큰 짐승보다는 가까이 있는 사람에게 사용하기 쉬운 물건이다. 그래서 대부분의 나라에서 소총은 수렵용이나 레저용 등에 한해 민간인 소유를 제한적으로 허용하는 반면, 권총은 법집행 분야나 현금수송경비 등 꼭 필요한 경우에만 허용하고 민간인 소유는 원천적으로 금지하고 있다. 미국 또한 예외는 아니어서 원래는 거의 모든 주에서 권총은 민간인이 사지도 가지고 다니지도 못했다. 그러나 지금은 총을 분해해서 보관해야 하는 곳도 반자동권총을 민간인이 못 사게 하는 곳도 없고, 민간인이 총을 못 가지고 다니게 하는 곳도 없다. 총기소유가 금지된 지역도 점점 줄어들어서 국립공원은 이미 빗장을 열었고 상아탑인 대학캠퍼스도 서서히 열리고 있다.

지나친 자기방어권

"그 자리에 멈추지 않으면 쏘겠다 Stand your ground or shoot first." 영화 대사 같은 이 법은 플로리다주가 2005년에 통과시킨 '주거지방어권강화법 Castle Doctrine Law'에서 유래한 것으로 지금은 약 33개 주가 채택하고 있다. 말 그대로 총을 가진 자는 자기 집은 물론 공공장소에서도 자신의 생명이나 신체에 위협을 느꼈을 때 물러설 필요 없이 자기방어를 위해 총을 사용할 수 있다는 것이다.

서부개척시대를 배경으로 한 영화들을 보면 정착민들이 밭농사를 짓다가 멀리서 낯선 사람이 말을 타고 오면 농기구를 내려놓고 얼른 통나무집으로 들어가 입구 선반에 올려놓은 소총을 꺼내 낯선 사람에게 겨누고는 "그 자리에 멈추지 않으면 쏘겠다"라고 말하는 장면이 종종 나온다. 자신과 가족의 안전을 자신이 지켜야 하던 시절이니 상대가 조금이라도 머뭇거리거나 의심쩍은 행동을 하면 바로 총을 발사할 수 있었고 발사해야 했다. 하지만 지금은 안전을 지켜주는 경찰도 있고 상대의 의도를 정확히 파악하기 어려운 상황도 드물다.

서부개척시대의 유산 같은 이 법은 얼핏 생각해보면 필요할 것 같기도 하지만 세세하게 살펴보면 악용의 소지가 많은 위험한 법이다. 우선 위협을 느끼는 상황인지 아닌지가 너무 추상적이고 주관적인 데다 더욱 위험한 것은 자기방어를 위해 사용하는 무력수단이 비례의 법칙을 따르지 않아도 된다는 뜻이 될 수 있기 때문이다. 쉽게 말해 주먹으로 위협하는 사람에게 자기방어를 위해 총을 쏴도 된다는 것이다. 이를 대표적으로 보여주는 사례가 2012년 2월 26일 발생한 조지 짐머만 사건으로, 재판결과가 너무 의아스러워 전 세계적으로 화제가 되었다.

조지 짐머만은 플로리다주 트윈레이크에 살고 있었는데 주민들이 안전을 위해 자율방범대를 만들면서 28세 히스패닉계 백인인 그를 프로그램 코디네이터로 뽑았다. 자율방범대가 된 것이 너무 자랑스러웠던 짐머만은 주거지 안전에 지나치게 신경 쓴 나머지 1년 동안 인근 경찰서에 46번이나 신고전화를 하는 등 완장의 역할을 제대로 하지 못하고 있었다. 그러던 중 2월 26일 비오는 날 밤 일이 터지고 말았다. 마이애미주에 살던 흑인소년 트레번 마틴이 아버지와 아버지의 새 약혼녀를 보기 위해 이곳에 왔는데 후드티를 입은 이 소년을 의심스럽게 보던 짐머만은 무장을 하고는 차를 몰고 쫓아가 방문 이유를 추궁했고, 말싸움이 벌어지다 급기야 무장하지 않은 소년에게 총을 쏘아 사망하게 한다.

짐머만은 2급살인죄로 기소되었고 2013년 7월 13일 배심원재판에서 백인으로 구성된 배심원단은 자기를 공격하려고 한 흑인소년에게 생명의 위협을 느껴 자기방어 차원에서 총을 쐈다는 짐머만의 말에 따라 그를 무죄로 석방한다. 이 판결을 계기로 150만여 명이 총을 컨실드캐리로 가지고 다니는 플로리다주에서 지나친 자기 방어권에 대한 비난이 한동안 일었지만 법은 그대로 유지되었고 다른 주들까지 유사한 법을 제정하게 되었다.

건밸리 비즈니스

미국의 총기제조회사들은 주로 매사추세츠주 서부와 코네티컷주에 모여 있는데 이곳을 건밸리gun valley라고 부른다. 독립전쟁 당시 매사추세츠주 스프링필드에 병기창이 있어 이곳에서 독립군의 무기를 만들어 보관했고 이는 남북전쟁과 양차 세계대전 때까지 이어졌다. 콜트, 루거, 스미스앤드웨슨, 윈체스터 등 유명 총기제조회사 대부분은 미국회사이지만 일부는 세계에서 가장 수요가 많은 민간총기시장인 미국을 노리고 들어온 외국자본에 의해 매입된 외국회사이다. 이 회사들에 의해 연간 약 1,000만 정의 총기가 미국에서 제조되고 있고, 이것으로도 모자라 약 500만 정의 총기가 브라질, 오스트리아, 독일, 이탈리아 등지로부터 수입되어 미국에서 소비된다.

총기제조회사들은 경쟁에서 이기기 위해 총을, 휴대하기 편하고 감추기 쉽지만 살상력은 높고 탄창에 총알을 좀 더 많이 넣을 수 있도록 만든다. 1960년대와 1970년대에는 가정에 권총 한 정씩은 있어야 안전하다고 선전해 권총 구입 붐을 일으켜 엄청난 이익을 챙

겼고, 최근에는 여성과 유색인종 그리고 청소년에게까지 눈길을 돌려 판매전략을 짜고 있다. 위험한 성범죄가 증가하고 있음을 강조해 여성의 자기방어를 위한 무장을 독려한다든지, 주류사회에 편입되는 상징으로 유색인종이 총을 가져야 한다든지, 유소년을 위한 사격대회를 개최해 일찍부터 총을 소유하고 싶은 욕구를 자극한다든지 하는 식이다. 총과 부속품 매출이 연간 50억 달러나 된다고 하니 총기제조회사들에게 미국은 결코 포기할 수 없는 꿈의 시장인 것이다.

연방정부는 소비자물품안전을 점검하고 규제하는 소비자물품안전보호국CPSC, Consumer Product Safety Commission을 두어 소비자가 가정에서 쓰는 물건이 조금이라도 안전하지 못하다고 판단되면 시정명령을 하고 막대한 벌금을 부과한다. 하지만 정작 대부분의 가정에 놓여 있는 가장 위험한 물건인 총의 안전성에 대해서는 무기합법거래보호법The Protection of Lawful Commerce in Arms Act 때문에 점검할 수 없다. 그래서 장난감 총은 규제하고 진짜 총은 손을 못 대는 아이러니한 일이 벌어진다.

제품사용으로 인해 소비자가 상해를 입었을 경우 제조회사를 상대로 손해배상소송을 시도 때도 없이 하는 곳이 미국이다. 1994년 8월 뉴멕시코주의 맥도날드 가게에서 드라이브스루로 커피를 사다 화상을 입은 할머니가 소송으로 64만 달러의 배상금을 받은 일이 있을 정도이다. 하지만 총은 제조상의 하자나 오작동으로 소비자가 상해를 입어도 총기제조회사의 로비를 받은 의원들이 제정한 법 때문에 다른 어떤 제품과 비교도 되지 않는 법적 보호를 받는다. 미국에서 총기판매상을 하려면 연방정부에서 라이선스를 받아야 하는데 현재 약 12만 명이 이를 보유하고 있다. 맥도날드 지점 수가 약 1만 4,000개인 것과 비교하면 말도 안 되게 많다고 할 수 있는데 이득이 있는 곳에 사람이 몰리는 법이니, 맥도날드 지점보다 총기판매상이 훨씬 많을 만도 하다.

범죄에 흘러들어가는 총

해마다 미국에서는 총기난사사건으로 많은 인명피해가 발생한다. 미국뿐만 아니라 세계 언론에 대서특필되고, 미국에서는 총기규제를 강화해야 한다는 시위가 연일 일어나고 있으며, 정치인들은 총기규제강화를 약속하는 발언을 한다. 하지만 결과적으로 큰 변화는 없다.

2019년에도 많은 총기난사사건이 있었는데 그해 9월 시카고시장 로리 라이트풋과 텍사스주 연방상원의원 테드 크루즈가 총기규제에 대해 트위터에서 설전을 벌였다. 일리노이수는 캘리포니아주, 뉴욕주와 더불어 가장 엄격한 총기규제를 실시하고 있지만 총격으로 인한 사망사건은 시카고에서 가장 많은데, 크루즈 의원이 총기규제무용론을 펴면서 시카고를 예로 든 것이다. 그러자 라이트풋 시장은 시카고에서 총기범죄에 사용된 총 대부분은 로비에 밀려 총기규제법을 통과시키지 못한 겁쟁이 주에서 흘러들어온 것이니 전국적으로 통일된 총기규제법이 필요하다고 반박했다. 이에 크루즈 의원은 그것만 가지고는 총기규제가 느슨한 이웃 주들의 대도시보다 시카고에서 몇 배나 더 많은 총기사고가 발생하는 이유를 설명하지 못한다고 재반박했다.

일리노이주는 총기규제가 까다로운 편이어서 총을 구입하려면 범죄경력신속조회시스템을 통과한 후 총기소유신분증**FOID, Firearm Owner's Identification Card**을 주경찰로부터 발급받아야 한다. 발급도 72시간의 대기기간을 거쳐야 하고 총기구입도 한 달에 1회, 1회에 한 정으로 제한하고 있다. 하지만 남부 대부분의 주에서는 규제가 느슨해 주의 운전면허증만 가지고 가면 범죄경력신속조회시스템 통과 후 바로 그 자리에서 총을 구입할 수 있다. 그러다 보니 시카고에서는 미시시피주에 사는 사람들에게서 총을 사온다.

시카고는 갱단의 활약장소로 악명이 높은데, 갱단들은 미시시피주의 조직원을 통해 총을 대량으로 쉽게 구입해서 시카고로 가지고 온다. 이렇게 규제가 느슨한 남부에서 규제가 심한 북부로 총이 이동하는 루트를 아이언 파이프라인**iron pipeline**이라고 한다. 총기규제에 찬성하는 사람들이 전국적으로 통일된 규제가 필요하다고 주장하는 이유가 바로 이 아이언 파이프라인 때문이다. 아무리 자기가 사는 주에서 힘들게 법을 통과시켜 규제해도 총기규제가 느슨한 다른 주에서 총이 끊임없이 흘러들어오기 때문에 총기규제를 각 주에 맡기는 것은 결과적으로 아무 효과도 없게 된다.

미국에서 생산된 총이 미국에서만 유통되는 것도 아니어서 문제는 더욱 심각해진다. 현재 멕시코를 휘젓고 있는 마약카르텔 때문에 미국과 멕시코가 서로 마약과 총기를 주고받는 꼴이 되어버렸다. 1990년대 초까지만 해도 마약왕은 콜롬비아의 파블로 에스코바르였다면 2000년대는 멕시코의 엘 차포 구스만이다. 구스만은 지금 미국에 수감되어 있지만 그가 이끌던 시날로아카르텔을 비롯한 멕시코의 수많은 마약카르텔을 통해 해마다 엄청난 양의 마약이 미국으로 흘러들어간다.

미국이 돈을 대서 마리화나 재배지를 찾아내 불태우고 마체테로 베어버려도, 양귀비 재배지에 기름을 붓고 불을 지르거나 약품을 써서 고사를 시켜도, 페루, 칠레, 콜롬비아 산악지대의 코카인 재배 농가를 다른 작물 재배로 바꿔보려 해도 밑 빠진 독에 물 붓기이다. 이렇게 흘러들어온 마약은 미국사회를 서서히 늪으로 빠뜨리는데 거리마다 '블랙타르'라고 하는 값싼 헤로인이 넘쳐나 공공화장실에는 아예 "사용하신 주사기는 이곳에 버려주세요"라고 쓰인 별도의 휴지통을 비치해놓기도 한다. 마약만 놓고 보면 미국이 굉장한 피해자 같은데 꼭 그렇지도 않다. 멕시코정부가 카르텔을 잡겠다고 '마약과의 전쟁'을 선포했지만 경찰과 군인 사상자만 내고 실패한 이유 중 하나는 마약카르텔이 보유한 최신식 무기들 때문이다.

미국은 총기관리가 잘되고 멕시코는 엉망이라 멕시코에서는 아무나 쉽게 총을 살 수 있을 거라 생각할 수 있지만 오히려 정반대이다. 주별로 총기규제를 하는 미국과 달리 멕시코는 연방에서 독점적으로 규제하고 있고 그 정도도 훨씬 엄격하다. 멕시코에서 총을 사는 사람은 모두 연방기구인 국방부에 등록해야 하고, 등록장부는 전국의 모든 사법집행기관에 공유된다. 그리고 대부분의 총을 위험한 무기로 분류해 민간인 소유를 아예 금하고 있다. 미국에서는 누구나 가지고 있는, M16의 민수용 버전인 AR15를 멕시코에서는 절대 살 수 없다. 이렇다 보니 미국에서 멕시코로 수많은 총이 몰래 흘러들어간다. 특히 멕시코와 국경을 접한 미국의 4개 주 중 캘리포니아주를 제외한 애리조나주, 뉴멕시코주, 텍사스주는 총기규제가 느슨해 이를 더욱 부채질한다. 해마다 약 26만 정이 불법으로 멕시코로 유입되는데 대부분 마약카르텔의 손에 들어가 라이벌 조직의 조직원을 살해하거나 군인, 경찰과 총격전을 벌이는 데 사용되고 있다.

전미총기협회 vs 브래디캠페인

총기규제를 반대하는 대표적인 단체로는 전미총기협회가 있고, 이에 맞서 총기규제를 옹호하는 단체로는 브래디캠페인Brady Campaign, the Brady Campaign to Prevent Gun Violence이 있다. 약 500만 명의 회원을 보유하고 있는 전미총기협회는 1871년 남북전쟁 당시 북군 장교였던 윌리엄 처치 대령과 조지 윈게이트 장군이 설립했다. 설립목적은 남군에 비해 사격술이나 총기 다루는 솜씨가 엉망인 북군 병사의 총기교육 및 사격술향상을 위한 것이었다. 지금도 전미총기협회는 사격장운영 및 사격대회주관은 물론 사냥꾼이나 법집행 분야 종사자 그리고 일반인을 대상으로 사격술교육을 하고 있다. 소규모 친목단체 정도였던 협회는 현재 거대한 총기제조회사들의 막대한 자금을 기부받고 있고, 이사회에 총기제조회사 임원들이 선출되어 의사결정에 참여하고 있으며, 총기소유자의 권리와 수정헌법 2조 관련 소송에 많은 돈을 투자하고 있다.

이에 대적하는 브래디캠페인이 생겨나게 된 배경은 다음과 같다. 1981년 3월 30일 워싱턴 D.C.에 있는 힐튼호텔에서 연설을 마치고 떠나는 로널드 레이건 대통령을 암살하려는 시도가 있었다. 범인은 존 힝클리라는 정신질환자로, 영화 〈택시 드라이버**Taxi Driver**〉를 보고 주연인 조디 포스터에게 반해 관심을 끌고자 범행을 저질렀다고 한다. 레이건 대통령은 갈비뼈가 부러지고 폐에도 손상이 생겼지만 빠르게 치료해 직장에 복귀했다. 이 범행에서 대통령 외에 경찰관, 경호원 그리고 백악관 대변인인 제임스 브래디 등이 총상을 입었는데, 특히 브래디는 뇌를 다쳐 평생 불구로 지내야 했고 결국 총상이 원인이 되어 2014년 사망했다. 브래디의 부인 사라 브래디는 남편이 죽기 전에 총기규제운동에 뛰어들었고 뜻을 같이

하는 다른 단체와 이합집산을 거듭한 끝에 2001년 전미총기협회에 반대하는 모든 단체의 연합을 브래디캠페인으로 부르게 되었다.

전미총기협회는 한 단체이고 브래디캠페인은 여러 단체가 연합한 것인데도 두 단체의 로비력은 금액을 기준으로 비교하면 약 7 대 1일 정도로 차이가 크다. 하지만 로비력뿐만 아니라 의회와 대통령으로 구성된 정치계의 성향에 따라 총기규제 관련 법이 제정되기도 한다. 민주당이 의회의 다수이면서 민주당 소속 대통령이 임기 중이었을 때 총기규제에 관한 대표적인 법들이 제정되었는데, 린든 존슨 대통령 시절인 1968년에 총기규제법Gun Control Act, 클린턴 대통령 시절인 1993년에 브래디법Brady Handgun Violence Prevent Act과 1994년에 연방공격무기금지령Federal Assault Weapons Ban 등이 제정되었다.

총은 캠퍼스 풍경도 바꾼다

2016년 8월 텍사스주 오스틴에 위치한 텍사스주립대에서 학생들이 특이한 시위를 벌였다. 여학생들이 남성성기 모양의 플라스틱 물품들을 쌓아놓고 학생들에게 나눠주었고 학생들은 이 물품을 자신의 백팩에 달고 강의실에 드나들었다. 아나 로페즈라는 한 여학생이 시작한 이 시위는 2015년에 통과된 텍사스주의 캠퍼스 내 권총의 컨실드캐리 허용에 대한 반대 및 폐지를 위한 시위였다. 주법에 의하면 캠퍼스 내에서 성인용품을 보이게 가지고 다니는 것은 불법으로, 벌금 500달러의 처벌을 받는다. 하지만 21세 이상의 학생 중 컨실드캐리 라이선스가 있는 사람이면 권총을 소지하고 캠퍼스는 물론 강의실까지 드나들 수 있다.

당시 캠퍼스 내에 권총소지를 허가하는 법안은 공청회도 열리고 유명인사들의 TV토론도 열리는 등 한동안 이슈였다. 찬성 측은 대학교에서 일어나는 각종 범죄, 특히 넓디넓은 캠퍼스에서 간간이 일어나는 성폭력에 대항하려면 힘이 약한 여성에게 훌륭한 방어무기가 되는 권총이 필요하다고 주장했다. 또한 총기난사가 벌어졌을 때 학생 중 총을 가진 사람이 있다면 초기에 범인을 제압할 수 있고 범인도 쉽게 캠퍼스에 못 올 거라는 의견이 있었다. 반대 측은 대학교는 학문을 위한 신성한 공간이며 폭력은 폭력으로 절대 극복하지 못한다는 이상적인 주장부터, 강의실에 총을 가진 학생이 있다면 누가 열띤 토론을 하며 상대를 자극하려 하겠으며 교수가 성적이 안 좋은 학생에게 함부로 낙제점을 줄 수 있겠냐는 현실적인 의견까지 나왔다.

캠퍼스에 총을 허용하는 주에서는 총기사용 미숙으로 가끔 사고가 발생하는데 아이다호주에서는 2014년 교수가 실험실에서 실험을 하다 차고 있던 권총이 발사되어 자신의 다리에 관통상을 입기도 했고, 유타주에서는 학생이 캠퍼스를 걷던 중 권총이 발사되어 발가락이 절단되기도 했다. 오발사고는 기숙사 안에서도, 학교 내 스타벅스 커피숍에서도, 조깅하는 산책로에서도 발생하고 있다.

결국 학생과 교수 대다수가 반대하는 이 법안은 전미총기협회의 로비를 받은 정치인들에 의해 통과되었다. 법이 통과되기 전부터 학생들은 법에 반대하는 다양한 형태의 시위를 벌였고 통과 후에도 폐지를 위해 계속 시위했다. 교수단체들도 수정헌법 2조보다 더 중요한 게 수정헌법 1조 표현의 자유인데, 표현의 장인 대학교

강의실에서 이 기본권이 총기소유 때문에 침해된다며 연방법원에 주법의 위헌소지를 가려달라는 소송을 제기했지만 기각되었다.

주정부는 대학교 내 총기소유에 대해 허용, 금지 또는 대학교 자체에 맡기는 세 가지의 방법 중 하나를 택한다. 1990년대만 하더라도 7개 주가 허용하고 20개 주가 금지했으며 나머지 주는 각 대학교에 맡겼으나, 점점 금지에서 허용으로 돌아서는 주가 늘고 있고 각 대학교에 맡기더라도 대학교가 총기소유를 금지하려면 대학 경찰 인원증원이나 강의실 유리를 방탄으로 교체하는 등의 안전을 담보하는 조치를 취할 것을 요구하는 등 간접적으로 허용하도록 압박하는 추세이다.

우주비행사 닐 암스트롱의 모교인 인디애나주 웨스트라피엣의 퍼듀대에는 25명 규모의 대학경찰이 있다. 여기에 소속된 한인경찰관 K 씨는 캠퍼스 내에 총기소유 허용물결이 인디애나주에도 미칠까 걱정스럽다고 한다. 총을 허용하면 그만큼 치안환경이 나빠질 텐데 넓은 캠퍼스 여기저기에서 벌어지는 마약흡입, 성폭력 등이 총과 결합하면 더욱 치명적인 결과가 나올 것이고, 경찰관도 상대방이 일단 총을 소지하고 있을 수 있다고 생각하면 긴장도는 물론 대처하는 방법도 완전히 달라져야 하기 때문이다. 가뜩이나 캠퍼스에서 총기소유를 허용하라는 시위를 하는 사람들이 가끔 권총 대신 바나나 또는 장난감 총을 차고 다니고 있어 골치가 아프다고 한다. 또한 졸업식 때 다른 주에서 부모님들이 많이 오는데 주마다 총기규제에 관한 법이 달라 아무 생각 없이 권총을 차고 행사장에 오는 사람들이 있어 이들을 최대한 기분 안 나쁘게 제지하며 권총을 차량 트렁크에 넣고 오라고 하느라 바쁘다고 한다. 자녀의 졸업식을 보러 다른 주에 갈 때에는 그 주의 총기규제법을 잠깐이라도 알아보고 가야 할 텐데 막연하게 자신이 사는 주와 법이 비슷할 것이라고 생각하거나 별생각 없이 습관대로 행동하는 사람들이 많다고한다.

경찰의 총기사용

자기 돈으로 총 사는 경찰

경찰관이 근무 중 사용하는 총을 서비스웨폰service weapon이라고 한다. 한국에서는 경찰관이 권총을 휴대하고 근무하지만 총을 사용할 상황은 거의 없다. 총을 갖고 있는 범인을 만날 확률이 당연히 거의 없고, 상대가 위험한 물건을 소지하고 있거나 법집행에 대한 저항이 심하더라도 이에 대한 총기사용은 총기규제만큼이나 제한적이고 예외적이기 때문이다. 하지만 미국은 다르다. 3억 정의 총기가 민간에 퍼져 있고 마약복용자도 셀 수 없이 많기 때문에 현장에서의 총기사용은 한국경찰이 테이저건을 사용하는 횟수보다 더 많다. 그래서 휴대하는 총기가 아주 중요하다.

1990년대 이전에는 주로 리볼버를 사용했다면 1990년대 중반을 거치면서 거의 다 반자동권총으로 바뀌었다. 리볼버는 고장률은 낮지만 총알을 6발밖에 장전할 수 없어 총격전이 일어날 경우 재장전 때문에 곤란한 상황이 생길 수 있다. 반자동권총은 탄창을 여러 개 휴대하고 다니며 총격전에서 총알이 떨어질 걱정 없이 사용할 수 있다. 하지만 가끔 탄피가 약실에 걸리는 경우가 있어 예비용으로 좀 더 작은 반자동권총이나 리볼버를 휴대하는 경우가 많다. 그래서 보통 한 정의 반자동권총은 벨트에, 한 정의 반자동권총이나 리볼버는 방탄복 속이나 우측 다리에 착용하고 다닌다. 한국경찰은 총격전을 할 일은 거의 없어 지금도 리볼버를 압도적으로 많이 사용한다.

그렇다면 경찰에게 총은 누가 지급해줄까? 당연히 정부나 경찰서에서 구입해 지급해줄 것 같지만 그렇지 않다. 한국은 파출소에 일정 수량의 권총이 있어 근무조 경찰관에게 지급하고 회수하는 시스템이지만 미국은 경찰관이 자기 돈으로 자기 총을 구입해 출퇴근하고 사격테스트도 자기 총으로 한다. 경찰서는 어떤 총을 사야 하는지 정해주거나 가이드라인만 제공한다. 총의 종류는 그때그때 열리는 위원회의 결정에 따르는데 소규모 경찰서의 경우 경찰서장이 바뀌면 휴대무기가 바뀌는 경우가 비일비재해서 총을 새로 구입해야 하고, 전에 사용하던 총은 거래하는 총기판매회사에서 모두 수거해간다. 자치정부의 재정상태에 영향을 많이 받는 자치경찰의 특성상 부유한 지역의 경찰서는 총을 직접 구매해 경찰관에게 지급하기도 한다.

경찰관의 총을 규제한 것은 2000년대 이후로, 총격으로 인한 피해자들이 소송을 제기하기 시작하면서부터이다. 과도한 공권력사용으로 피해가 발생하면 시정부는 소송을 당하는데, 배상액을 결정하는 데서 평소 경찰관에게 얼마나 사격테스트를 시켰으며 사용하는 총은 목적에 합당한 종류였는지 등이 고려된다. 경찰관이야 악의적인 경우가 아니면 상대적 면책특권을 누리니 관계없지만 그렇다고 마구 총질을 해대면 소송에 휘말린 시정부는 재정이 바닥나고 말 것이다. 그래서 경찰관이 사용할 총을 아예 경찰서에서 사주거나 종류와 사양을 정해 그것만 사도록 강제하기 시작했다. 근무중 사용하는 총은 물론 비번 날 개인적으로 사용하는 총까지 종류를 정해주는데, 비번 날 총을 사용하다 피해가 생겨도 시정부에 일정 부분 책임을 묻는 판결이 나왔기 때문이다. 경찰관에 대한 관리감독이나 교육이 부족해 비번 날에 사고를 쳤다는 것이다.

경찰관은 총을 구입하면 경찰서에 등록해야 하고 등록한 총으로 사격테스트를 해서 일정 점수 이상을 취득해야 등록한 총을 사용할 수 있다. 총을 모두 등록하게 하는 이유는 경찰관 관련 총기사건이 벌어진 현장에서 여러 개의 탄피가 떨어져 있고 피해자 몸에도 총알이 남아 있는 경우 조사를 통해 탄피나 총알의 주인이 누구인지를 밝혀야 책임소재를 명확히 할 수 있기 때문이다. 총에 관한 조사기술이 매우 발달한 미국에서는 지문으로 신원을 알아내는 것처럼 탄피나 총알을 통해 총이 무슨 종류인지 제조사는 어디인지 그리고 등록명부를 보고 어떤 경찰관이 쓰던 총인지를 정확히 찾아낸다.

총은 언제든 쏠 수 있게

총을 소지한 범인을 만날 가능성이 극히 희박한 한국에서는 경찰관이 리볼버를 휴대할 때 우선적으로 고려해야 할 사안이 비상시에 총을 신속하게 활용할 수 있느냐가 아니라 총기탈취방지나 오발 또는 남용으로 인한 사고의 방지이다. 그래서 권총은 피탈방지용 끈에 달려 휴대혁대에 고정되어 있고 총알 장전도 리볼버의 첫 구멍은 비우고 두 번째는 공포탄을, 세 번째부터 실탄을 장전하도록 해서 구멍이 5개인 리볼버는 실탄이 세 발밖에 장전되어 있지 않다. 또한 안전장치를 항상 안전위치에 고정시켜놓고 사용할 때만 발사 위치로 바꾸도록 하고 있다.

하지만 해마다 약 70명의 경찰관이 근무 중 총에 맞아 숨지는 미국에서는 권총 휴대 시 긴박한 순간에 효과적으로 상대를 제압할 수 있는 데 초점을 맞춘다. 권총의 종류부터 리볼버가 아니라 탄창을 갈아 끼울 수 있는 반자동권총이고, 아예 총알을 장전해놓고 다닌다. 안전장치 자체도 없어서 안전을 생각한다면 총알을 장전해놓지 않으면 되지만 보통은 이마저도 하지 않은 채 방아쇠만 당기면 바로 총알이 발사되도록 하고 있다.

사용하는 총알 종류도 한국경찰과 다르다. 한국경찰은 끝이 둥글둥글한 모양의 탄두round ball를 사용하는데 미국경찰은 끝이 꽃모양처럼 벌어져 있는 홀로포인트hollow point 총알을 사용한다. 탄두가 둥글면 관통력은 좋지만 근처에 있는 사람도 피해를 입기 쉽다. 홀로포인트 총알은 끝이 벌어져 있어 관통력은 약하지만 총을 맞은 사람 몸에 박히게 돼 더 치명적이면서도 근처에 있는 사람에게 피해가 갈 가능성은 낮다. 대신 둥근 탄두에 비해 가격이 2배 정도 비싸기 때문에 실전용으로는 홀로포인트를 사용하고 사격테스트 시에는 둥근 탄두의 총알을 사용한다.

법집행 분야에서 총을 휴대하고 근무하는 사람이라면 모두 휴대하는 총을 사용할 자격과 능력이 있는지를 정기적으로 시험받는다. 자체사격장 또는 민간사격장과 계약해 연간 1, 2회 사격테스트를 실시하며 일정 점수 이상을 받아야 통과할 수 있다. 한국에서는 경찰이나 군대의 사격장에서 꼭 자신의 총이 아니더라도 사격테스트를 하고 있지만, 미국에서는 자기 총에 익숙해져야 총으로 인한 오발이나 오작동으로 인한 피해발생을 최소화할 수 있어 자기 총으로 사격테스트를 한다. 그래서 휴대무기를 바꾸면 바로 바뀐 총에 대한 사격테스트를 받아야 한다.

주별로 약간의 차이는 있지만 보통 6개월 또는 1년에 한 번씩 사격장에 가서 36발을 사격하는데 모두 명중하면 전문가자격expert status을 획득한다. 뉴욕경찰, LA경찰, 시카고경찰이나 쿡카운티의 보안관사무실 같은 대규모 경찰서는 자체적으로 사격장을 구비하고 있지만 소규모 경찰서는 근처에 사격장이 있는 경찰서가 있으면 그곳에 가서 하고 그렇지 않을 경우에는 민간사격장과 계약해 사용한다. 총기가 흔하고 평소에도 사격훈련을 자주하는 편이어서 테스트를 통과하지 못하는 경찰관은 드물지만, 그래도 통과를 못 하는 경찰관은 총기소유가 금지되고 테스트를 통과할 때까지 한시적으로 총기소유가 없는 부서로 전보조치가 되기도 한다.

군대에 버금가는 경찰의 무장

미국경찰은 무장수준이 한국경찰과 비교도 안 될 정도로 높다. 반자동권총을 두 정씩 휴대하고 탄창도 2개 이상 가지고 다니며 순찰차에 AR15와 샷건까지 싣고 다니니 군대 수준이라고 봐도 될 정도이다. 여기에다 여차하면 동원되는 SWAT의 무장수준은 더 어마어마하다.

2014년 8월 미주리주 퍼거슨에서 흑인에 대한 경찰의 차별적 공권력사용에 항의하고자 거리로 나온 시민들은 건너편에 배치된 SWAT의 무장수준에 충격을 받았다. 일부 재물손괴나 폭력이 있긴 했지만 시위가 전체적으로 평화롭게 진행되고 있었는데도 시위대와 대치한 경찰의 무장은 전쟁터에서 적을 완전히 제압하고자 하는 수준이었다. M16소총과 조준경이 달린 M14소총 그리고 레벨3 이상의 최상급 방탄복에 방탄헬멧으로 무장한 채 장갑차까지 끌고 왔고, 장갑차에 배치된 저격수는 적외선조준경으로 시위대를 지켜보고 있었다. 이 장면은 TV에 생중계되었고 언론에 대서특필되면서 경찰의 중무장 문제가 공론화되었다.

SWAT은 인권운동이 한창이던 1960년대와 1970년대에 사회불안과 시민폭동을 제어하기 위해 창설되었는데, 1980년대와 1990년대 마약카르텔의 등장과 강력범죄의 급증에 따라 일반적인 경찰작전으로는 힘든, 조직범죄의 근거지에 대한 급습이나 위험한 지역에 대한 영장집행 등에 투입되기 시작했다. SWAT이 점점 군대를 방불케 하는 중화기로 무장하기 시작하면서 시민들은 단순한 두려움을 넘어 자신의 공동체가 군인에게 점령당한 것 같은 느낌마저 들게 되었다.

경찰이 중무장하기 시작한 것은 1997년 캘리포니아주 노스할리우드 지역에서 은행강도들이 자동화기와 방탄복으로 중무장한데 반해 출동한 경찰관들은 권총과 샷건으로 초라하게 맞서야 했던 사건이 계기가 되었다. 이후 일반 순찰차에도 AR15가 관행석으로 실리게 되면서 경찰의 중무장화가 시작되었다. 1990년대의 마약카르텔 관련 마약범죄의 급증과 2000년대의 테러위험성 고조 그리고 간간히 일어나는 총기난사사건과 2014년, 2015년의 흑인폭동 등이 경찰을 더욱 중무장시켜 군대에 버금가는 무장을 하게 되었다. 특히 1997년 캘리포니아주 노스할리우드 사건을 계기로 연방정부는 경찰을 중무장하기 위한 연방법을 만든다.

'1033프로그램'이라 불린 이 계획은 국방부가 이미 노후화되었거나 여분으로 남은 군사용 무기와 장비를 경찰기관에 일부는 기부를 하고 일부는 아주 저렴한 가격에 파는 것인데 만약 지역의 경찰서 중 예산문제에 걸린 경우에는 심사를 거쳐 연방정부가 보조금까지 지급해서 중무장을 시킨다. 1997년부터 2014년까지 진행되어 전국 8,000여 개의 경찰서가 프로그램에 참여했고, 국방부에서 건너간 무기가 약 50억 달러어치였다고 하니 그 규모가 실로 어마어마하다. 취지는 범죄자들이 최신식 총기를 가지고 있으니 이에 맞서는 경찰관들은 훨씬 더 강력한 무기로 무장해야 한다는 것이다. 그래서 연방법집행기관은 물론 자치경찰서의 SWAT도 바로 전쟁터에 투입돼도 될 정도의 무장을 하게 되었다. 힘에는 더 강한 힘으로 맞서는 미국의 마초적인 스타일이 반영되었다고도 볼 수 있지만 커뮤니티폴리싱을 통해 지역사회 속으로 스며들어 시민과 가까워지려 했던 경찰의 패러다임과는 영 맞지 않다. 게다가 간혹 이런 군사용 무기를 집에 가져가고 싶어 하는 내부자 때문에 큰 문제가 되기도 하는데, 2014년 애리조나주 마리코파카운티의 보안관사무실에서 일부 중무장화기가 분실되어 큰 소동이 생긴 적이 있었다.

친근한 경찰이 아니라 로보캅 같은 무서운 경찰, 시위대 앞에 군대처럼 무장하고 나타난 경찰의 모습은 이후 질타의 대상이 되었다. 결국 오바마 대통령 때 1033프로그램은 폐지되고 중화기의 사용을 중지시켰지만, 트럼프 대통령이 이 프로그램을 되살리는 행정명령을 내려 여러모로 혼란스러운 상황이다.

터프가이 신드롬에 망가지는 경찰

미국에서 경찰은 총기소유의 자유에 영향을 가장 많이 받는 직종이다. 폭력과 무질서, 증오 등이 모이는 범죄현장에 가야 하는 경찰관은 일반인이 경험하는 것보다 수십 배는 더 심한 스트레스에 노출되어 있다. 해마다 FBI는 미국 내 범죄에 관한 각종 통계를 발표하는데 경찰관 관련 총격OIS, Officer Involved Shooting 통계를 보면 연간 약 450명의 범죄자가 경찰관의 총격으로 사망한다고 한다. 이 중에는 경찰관의 자기방어를 위한 경우도 있고 다른 시민에 대한 피해를 예방하기 위한 것도 있으며 사고로 인한 총격도 있다. 이 통계는 아주 중요한 자료로 활용되는데, 특히 총격 후 당사자인 경찰관은 물론 현장에 있던 동료 경찰관들, 총을 쏜 경찰관의 가족 등 총기사건으로 인한 파장의 범위가 상상 이상이기 때문이다. 그래서 미국에서 법집행 분야에 종사하는 사람들에게는 외상 후 스트레스 장애인 PTSDPost Traumatic Stress Disorder가 익숙하다.

　PTSD는 사물을 바라보는 관점에 변화를 일으키는데 주요 증상으로는 악몽이나 플래시백, 침투적 사고나 기억 등이 있다. 트라우

마적 기억들은 잠재의식 속에 스며드는데 대부분의 사람들은 크고 작은 트라우마를 지니고 있다. 예를 들어 어렸을 때 뜨거운 난로에 데었다든지 개에게 물렸다든지 물에 빠져 죽을 뻔했다든지 했을 경우 이런 경험들은 잠재의식 속에 남아 비슷한 상황에서 스트레스를 재생산한다. 총기사건을 겪은 PTSD 환자들은 군중 속에 있는 상황이나 풍선 터지는 소리, 자동차 타이어 펑크소리, 아이 울음소리, 폭죽소리 등에 심한 스트레스를 받고 걱정, 불안, 초조함, 과다한 경계심 등에 시달린다.

경찰관의 가장 큰 스트레스 요인은 단연 총기사건이다. 본인이 근무 중 범인을 쏴 사망케 하는 것은 물론 동료가 총에 맞아 죽는 것을 목격한다든지 시민이 총격으로 죽거나 다치는 것을 보는 것도 큰 스트레스 요인이 된다. 실제로 경찰관이 범인에 의해 죽는 경우보다 스트레스로 인한 알코올의존증, 약물복용, 가정폭력에 시달리다 자살하는 경우가 더 많다. 문제는 이런 스트레스를 해결하기 위해 경찰서에서 여러 프로그램을 제공하고 있음에도 이용률이 극히 낮다는 점이다.

이용을 막는 가장 큰 원인은 터프가이 신드롬이다. 제복 입은 경찰관은 강해야 한다는 생각이 문제이다. 틈만 나면 단백질보충제를 먹으면서 헬스장에 가서 벤치프레스를 들어 근육을 키우고, 머리를 해병대처럼 짧게 깎고 선글라스를 쓴 채 폼을 잡지만 이들의 심리는 두부처럼 약할 수 있다. 총기사건 후 혹시 모를 PTSD 예방을 위해 심리치료를 받는 게 당연한데 치료받는 것을 창피하게 생각한다. 이상증세를 느끼면 바로 치료를 받아도 되지만 치료받는 순간 총기휴대가 금지되고 보직도 바뀐다. 특히 동료 경찰관들에게 약해빠진 녀석으로 낙인찍히는 것은 죽기보다 싫다.

한국과 달리 미국에서는 거리의 경찰, 일명 비트캅beat cop에 대한 자부심이 강하다. 자기 순찰구역에서 벌어지는 범죄에 대응하고 범죄현장의 최선봉에 있다는 사실이 이들을 자랑스럽게 만든다. 모든 경찰관은 임용 후 비트캅을 거쳐야 승진이 가능하다. 하지만 그만큼 스트레스에 많이 노출되다 보니 이를 해소하려고 술에 의지하거나 불면증 때문에 약을 복용한다.

2007년 버지니아공대 총기난사사건에 출동했던 경찰관 중 절반이 PTSD에 시달리다 직장을 떠났다. 당시만 해도 PTSD의 심각성을 인지하지 못했는데 지금은 학계와 의료계의 많은 연구로 여러 심리치료프로그램이 나와 있다. FBI에서는 1980년부터 요원을 대상으로 근무와 관련된 심리치료프로그램을 제공하기 시작했다. 경찰도 100명 이상 경찰관을 둔 경찰서에서는 자체적으로 심리치료센터를 두고 있고, 소규모 경찰서에서는 민간정신병원과 계약을 맺어 경찰관에게 서비스를 제공한다. 이외에도 경찰서마다 종교의식을 위한 채플린chaplain을 두고 있고, 총기사건으로 PTSD를 경험했던 동료들이 상담해주는 동료프로그램peer program도 있다.

국제경찰장협회에서는 경찰관의 심리치료개선을 위해 정신의

료 분야 전문가와 협력해 많은 연구자료 및 가이드라인을 제시하고 있는데 대표적인 가이드라인 중 하나가 총격 후 면접post-shooting interview이다. 경찰관의 총기사건이 벌어지면 당사자나 목격자 경찰관의 조사는 당연히 필요하다. 하지만 정신과 분야 전문가들이 강력하게 주장하는, 사건 후 회복하는 데 드는 최소한의 시간은 48시간이다. 현장의 충격으로부터 자신을 회복하고 진정하는 데 필요한 최소한의 시간은 향후 경찰관이 PTSD를 극복하는 데 결정적이다.

지금은 대다수의 경찰서에서 이 가이드라인을 준수해 총기사건이 발생하면 해당 경찰관에게 48시간의 유급휴가를 주지만, 예전에는 많은 경찰관이 총격으로 인한 극심한 스트레스가 최고조인 상태에서 오랜 시간 각종 조사나 인터뷰에 시달려야 했다. 그리고 이로 인해 후유증이 생겨도 쉽게 회복하지 못하는 자신의 나약함을 탓하며 직장을 조용히 떠나거나 다양한 스캔들을 일으키며 상습적으로 징계를 받는 나쁜 경찰로 변하기도 했다. 터프가이 신드롬은 경찰관 당사자에게도 경찰관을 바라보는 시민에게도 도움이 되지 않는다. 총기사건에서는 모두가 피해자라는 인식의 전환이 필요한 것이다.

21피트 룰

신고를 받고 출동한 경찰관은 항상 긴장하고 상대의 사소한 몸짓에도 예민하게 반응한다. 일정한 간격을 유지하고 여러 번 상대의 무장상태나 잠재적 위험요소를 충분히 분석하기 전까지는 쉽게 다가가지 않는다. 용의자를 권총으로 위협해 무릎을 꿇게 하거나 차 안에 있다면 운전대에 양손을 두게 하고 차 밖에 있다면 양손을 차 보닛에 대고 양발을 벌리게 한다.

21피트 룰**21feet rule**은 1983년 유타주 솔트레이크시티경찰의 사격교관이던 곤 튤러 껑위가 흉기늘 는 시민이 경찰관에게 달려들 때 경찰관이 권총집에서 권총을 뽑아 상대를 쏴 제압할 수 있는 최소한의 안전거리를 여러 번의 실험을 거쳐 21피트(6.4미터)라고 결론을 내린 데서 유래한다. 현장에서 상대를 대할 때 이 정도 거리를 둔 채 상대가 흉기를 들고 있으면 경고하고 지시에 따르지 않았을 경우 총을 쏴도 경찰관의 행동은 자기방어로 면책된다는 것이다.

그렇다고 경찰서에서 매뉴얼에 21피트를 적시해놓지는 않는다. 현장상황이 워낙 다양하다 보니 전체적인 상황을 고려해 경찰관이 합리적으로 총기사용을 했는지 판단한다. 하지만 현장에서는 합리적인 판단이 쉽지 않고, 경찰관은 과잉진압이라도 총을 사용하는 게 낫다고 생각한다. 경찰관 사이에서 통용되는 말로 "12명에 의해 재판받는 것이 6명에 의해 실려 가는 것보다 낫다"가 있다. 여기서 12명은 재판의 배심원 수이고, 6명은 경찰관 순직 시 관을 메는 동료 경찰관 수이다. 과잉진압 때문에 재판을 받는 것이 총 맞아 죽는 것보다 낫다는 것이다.

총기소유문화로 인해 이 21피트 거리는 많은 불행을 만든다. 시민에게 사랑받지 못하고 무섭기만 한 경찰관에게도 불행이고, 사소한 몸짓으로도 경찰관에게 의심받아 총 맞아 죽을지를 걱정해야 하는 시민에게도 불행이다. 경찰의 과잉대응으로 시민이 사망하는 일이 발생하자 경찰관의 물리력 행사단계를 정하는 매뉴얼을 고쳐 위험이 분명해지기 전까지는 총을 사용하지 못하게 하자는 움직임이 있다. 하지만 하루를 시작할 때 오늘도 살아서 집에 있는 가족에게 돌아가기를 기도하는 경찰관들에게는 무리한 요구일 수 있다.

인종차별의 그늘

조지 플로이드 사건에 대한 단상

2020년 5월 25일 미네소타주 미니애폴리스에서 시경찰관 쇼빈이 46세 흑인 플로이드를 체포하는 과정에서 8분 46초 동안 무릎으로 목을 눌러 질식사시키는 일이 발생했다. 이 과정이 행인에 의해 촬영되어 영상이 공개되었는데 백인경찰관이 "숨을 쉴 수 없다I can't breathe"라며 무릎을 치워줄 것을 간청하는 흑인용의자를 무자비하게 제압하는 모습은 화약고에 불을 붙인 것처럼 수많은 사람의 분노를 폭발하게 했다. 미국 전역은 물론이고 해외에서까지 미국경찰의 인종차별적인 공권력집행에 항의하는 시위가 동시다발적으로 발생했다.

시위 과정에서 약탈과 방화가 발생했고 20개가 넘는 주에서 주방위군을 동원해야 했다. 사건 발생지인 미니애폴리스는 오랜 세월 백인경찰관의 흑인에 대한 차별적 법집행을 개선하고자 노력했음에도 이런 일이 미니애폴리스경찰에 의해 발생한 데 대해 충격을 받았고, 시의회는 표결에 의해 경찰서 자체를 해산해버리는 초강수를 두었다. 그리고 아예 치안을 맡는 부서의 명칭을 '경찰police' 대신 '공공안전public safety'이라고 바꾸고 물리적이고 강압적인 법집행도 최소화시키려는 경찰개혁을 공언했다.

이번 사태로 인해 각 주정부와 자치단체는 대대적인 경찰개혁을 예고했기 때문에 조지 플로이드 사건의 파장이 어디까지 번지고 미국경찰에 어느 정도의 변화를 가져올지는 더 지켜봐야겠지만 그동안 되풀이되었던 다른 사건들과는 규모가 다른 영향을 미칠 것으로 보인다. 하지만 이런 일이 반복적으로 벌어지는 근본적인 원인에 대한 대책 없이 모든 책임을 경찰이 지도록 하고 미니애폴리스처럼 경찰서를 해산시켜 '경찰'이라는 이름마저 지워버리는 방식의 접근은 매우 우려스럽다.

미국에서 흑인은 사회경제적 불평등 때문에 다수가 빈곤층이며 이로 인해 마약, 총기, 절도 등 많은 범죄를 일으킨다. 경찰관은 현장에서 반복적으로 흑인범죄자를 접하다 보니 알게 모르게 편견이 생긴다. 인종차별을 막으려고 흑인과 히스패닉 경찰관의 채용을 늘려도 이들 또한 흑인에 대한 편견에서 자유롭지 못하다. 게다가 마약에 취해 있고 총기까지 소지한 범인을 제압하다 보면 단순한 법집행이 아니라 전투를 치르는 느낌이다. 그래서 경찰관이 범인을 제압하는 매뉴얼도 한국과 달리 강하고 위압적일 수밖에 없다.

시민과 경찰 사이를 마약과 총기가 가로막고 있다 보니 친절한 경찰이 되겠노라 다짐한 신입 경찰관은 해를 거듭할수록 전투를 치르는 전사가 된다. 상대가 흑인이면 총이 있든 없든 일단 긴장하면서 접근하고, 상대방의 사소한 몸짓에도 과하게 위협을 느껴 압도적인 물리력을 행사한다. 오해와 실수 때문에 피해가 발생해도 경찰노조와 법집행의 현실을 인정한 판결이 이들을 지켜준다. 흑인에 대한 사회구조적 차별이 해소되지 않는 한, 그리고 무엇보다도 마약과 총에 대한 공포로부터 경찰이 자유로워지지 않는 한 경찰관의 사기를 꺾는 일방적 개혁은 치안불안과 범죄율의 증가 등 또 다른 문제를 불러일으킬 것이다.

인종차별적 법집행

미국이 이민자의 나라라지만 건국의 주인공은 가장 먼저 이민을 왔고 틀을 갖춘 백인 · 앵글로색슨 · 프로테스탄트계, 일명 와스프 **WASP, White Anglo-Saxon Protestant**이다. 그 후 유럽의 다른 지역에서 이민자들이 오기 시작했는데 특히 아일랜드인이 많았다. 1845년부터 1852년까지 아일랜드에 감자대기근이 생기자 가난과 배고픔을 피해 많은 아일랜드인이 미국으로 몰려들었다. 이들은 영어를 사용하지만 개신교 중심인 미국과 달리 카톨릭이었고, 영국에서 열등한 민족 취급을 받은 분위기도 그대로 이어졌다. 게다가 돈도 전문지식도 없어 사람들이 꺼리는 경찰이나 군인이 되기 시작했다. 1900년대까지만 해도 경찰관은 보수도 적고 사회적 지위도 낮아 기피하는 직종이었고, 다른 유럽 출신 이민자들은 영어가 안 되는데 아일랜드인은 영어가 가능하다 보니 경찰에 많이 진출했다.

시카고경찰도 초창기에는 아일랜드인이 전체의 75%가 넘었다. 아일랜드계를 포함한 백인들이 경찰조직의 절대다수를 차지했고 일자리를 찾아 슬럼으로 모여든 흑인들은 시카고 남부에 밀집하면서 북부의 백인과 남부의 흑인 간 양극화는 심해졌다. 백인이 다수인 경찰은 신고가 들어온 지역 대부분이 흑인이 다수인 슬럼이어서 흑인에 대한 선입견이 생겼다. 지금처럼 시민의 스마트폰이나 경찰관의 바디카메라 등 디지털기기가 보편화돼 있지도 않은 아날로그 시대에는 경찰관이 서로 입을 맞추면 제대로 된 진실이 알려지지 않았고, 그 뒤에는 강력한 경찰노조가 버티고 있으며 검사까지 기소에 소극적이다 보니 흑인에 대한 공권력의 차별적 사용은 쉽게 고쳐지지 않았다.

그러다가 2014년과 2015년에 집중적으로 경찰관의 총기나 무력사용 때문에 흑인이 사망하는 사건이 발생했는데 몇몇 사건이 영상으로 촬영되어 미국 전역은 물론 해외까지 유출되면서 미국경찰의 해묵은 문화가 도마 위에 오르게 되었다.

2014년 4월 30일 위스콘신주 밀워키

31세 흑인남성이자 정신질환자인 돈트레 해밀턴은 공원에 노숙자로 보이는 사람이 있다는 신고를 받고 출동한 경찰관에 의해 몸수색을 당했고 이 과정에서 물리적 충돌이 발생, 경찰관이 쏜 14발의 총알을 맞고 사망했다. 이 사건은 다큐멘터리 〈피는 문 앞에 있다The blood is at the door step〉로 만들어져 2017년 개봉했다.

2014년 7월 17일 뉴욕주 뉴욕

160킬로그램에 육박하는 거구의 흑인남성 가너는 담배를 팔던 중 이를 단속하는 경찰관에 의해 체포되었는데 그 과정에서 목이 졸려 사망했다. 당시 경찰관이 그를 제압하는 영상이 해외에도 돌아 많은 논쟁이 일었는데 특히 목 졸린 그가 내뱉은 "숨을 쉴 수 없다"라는 2020년 미니애폴리스의 플로이드가 내뱉은 말과 똑같았고, 이는 인종차별적 법집행의 상징이 되어 시위대의 구호로 쓰였다.

2014년 8월 9일 미주리주 퍼거슨

비무장한 18세 흑인남성 마이클 브라운이 경찰관에 의해 사살됐다. 퍼거슨 경찰은 그가 편의점에서 종업원을 거세게 밀치고 밖으로 나왔고, 경찰관이 그를 편의점강도 용의자로 오해해 몸싸움을 벌이다 발생한 사건이라고 설명했다. 그러나 이를 목격한 사람들은 경찰관이 두 손을 머리 위로 올린 채 항복한 그의 뒤에서 총을 쐈다고 진술했고, 경찰의 과잉진압에 대한 거센

비난이 일었다. 이후 대규모 시위가 한동안 이어지면서 약탈과 폭력이 발생하기도 했다.

2014년 11월 22일 오하이오주 클리블랜드

12세 흑인소년 타미르 라이스는 공원에서 장난감 총을 가지고 놀던 중 신고를 받고 출동한 경찰관에 의해 사살됐다. 클리블랜드경찰은 그가 12세라고는 하지만 키가 170센티미터나 되었고, 장난감 총이 진짜 총과 구별하기 어려울 만큼 흡사했으며, 총을 버리라는 경고를 분명히 한 후 사격했다고 설명했다.

2015년 4월 12일 메릴랜드주 볼티모어

25세 흑인남성 프레디 그레이는 경찰관과 눈이 마주치자 달아났고 뒤쫓은 경찰관들에게 체포당해 호송용 밴으로 이송되었다. 그런데 이송되는 밴에서 경찰관들에게 구타당해 목과 허리에 치명적인 부상을 입었고 병원으로 옮겨졌으나 당일 사망했다.

이외에도 2015년 오클라호마주와 사우스캐롤라이나주에서 비슷한 사건이 발생했는데 각각의 사건 모두 해당 지역은 물론 전국적으로 큰 반향을 불러일으켰다. 이후 시장과 경찰서장이 사과했고, 경찰서장이 책임지고 사임하는 곳도 있었지만 이 사건들에 연관된 경찰관들은 볼티모어의 6명을 제외하고는 아무도 기소되지 않았다. 볼티모어의 경찰관들도 2급살인 또는 2급폭행 등으로 기소됐지만 모두 무죄를 받았고 간단한 징계 후 복귀해 근무 중이다.

밴 다이크 사건의 전말

미국 전역에서 일련의 사건들이 벌어지는 가운데 시카고에서도 사건이 터졌다. 2014년 10월 시카고경찰 다이크가 흑인청년 맥도날드를 상대로 한 총기사건은 시카고경찰뿐만 아니라 미국 전체를 소용돌이에 휘말리게 했다. 사건의 경찰관 이름을 따 밴 다이크 사건이라 명명된 이 사건은 진실을 감추려는 시카고경찰과 시정부 그리고 이를 밝히려는 언론의 줄다리기가 이어졌고, 2019년 1월 다이크에게 유죄판결이 내려진 과정이 언론을 통해 보도되면서 시카고를 뜨겁게 달구었다. 이 사건의 전말은 다음과 같다.

2014년 10월 28일 저녁 9시 45분 시카고 사우스웨스트사이드의 인적이 드문 도로에서 한 트럭운전사가 누군가가 칼을 이용해 자신의 트럭 문을 열고 들어가 라디오를 훔치려 한다고 신고한다. 신고를 받고 나이크를 포함한 경찰관들이 순찰차 여러 대에 타고 출동했고 현장에서 18세 흑인청년 맥도날드와 마주친다. 맥도날드는 7.5센티미터 길이의 칼을 들고 있었고 출동한 순찰차 중 한 대의 타이어를 훼손하는 등 위협적인 행동을 한다. 경찰관들은 칼을 버리라고 경고하며 뒤로 물러서는데 다이크가 권총을 한 발 발사했고 칼을 쥔 채 도로에 쓰러진 맥도날드에게 다시 15발을 14초 동안 연거푸 발사한다. 총 16발을 맞은 맥도날드는 인근 병원으로 실려 갔지만 이미 사망한 상태였다.

　사건 발생 후 시카고경찰은 사고경위에 대한 400쪽 분량의 보고서를 작성한다. 정신이 불안정한 상태에 있던 맥도날드가 경찰관에게 칼을 겨눈 채 달려들어 총을 쏴 제압할 수밖에 없었고, 이는 경찰관 총기사용 가이드라인을 따른 것으로 문제가 없다는 것이다. 몇 발을 쐈는지에 대한 언급은 없는 이 보고서의 사고경위에 대해 현장에 있었던 경찰관들도 동의한다. 하지만 다른 목격자의 진술과 부검으로 밝혀진 16발의 총알자국 등으로 의혹이 증폭되었고, 시정부에서는 급히 유족과 민·형사상 책임을 묻지 않는다는 조건으로 500만 달러에 합의하지만 한 언론인이 순찰차에 찍힌 영상을 공개할 것을 줄기차게 요구한다. 시정부가 이를 거절하자 그는 이 사건을 법정까지 끌고 가 결국 공개명령판결을 받아내면서 사고경위가 온전하게 담긴 영상이 공개된다. 영상에서 맥도날드는 경찰의 발표와 다르게 칼끝을 땅을 향한 채 걸어가고 있었고 경찰관을 향한 위협적인 행동은 전혀 하지 않았다.

　분개한 시민들은 시카고 전역에서 경찰의 과잉진압을 규탄하는 시위를 벌였고, 시카고시장과 시카고경찰국장은 사퇴압박을 받았다. 결국 시장은 경찰국장을 해임했고, 자신도 사건에 대한 책임을 지기 위해 차기 시장선거에 출마하지 않을 것을 약속했으며, 총을 쏜 다이크를 처벌하라는 요구에 특별검사를 임명해 그를 형사기소했다.

다이크는 재판이 이어지는 동안 여기저기에서 살해협박을 받고 있어서 시카고가 속한 쿡카운티가 아닌 록아일랜드카운티의 교도소에 수감된 상태로 매일같이 쿡카운티에 있는 법정에 가야 했고, 입정과 퇴정을 할 때도 주경찰뿐만 아니라 경찰노조에서 다이크를 응원하는 경찰관들의 경호를 받아야 했다. 경찰노조는 이외에도 위원장이 언론성명을 통해 맥도날드가 죽은 것은 가슴 아프나 다이크가 무죄인 것은 분명한 사실이고 공권력집행과정에서 충분히 발생할 수 있는 자기방어임을 강조했다. 또한 기소 후 무급정직을 받아 수입이 전혀 없던 그를 경찰노조의 건물관리인으로 고용해 생계를 이어가도록 지원했다.

2018년 10월 검사 측과 피고인 측의 공방이 다 끝나고 배심원 평결만 남은 상황에서 재판정 밖은 평결발표를 초조하게 기다리는 시민들로 가득했다. 만약 무죄평결이 나면 분개한 사람들이 폭동을 일으킬 수도 있어 시카고경찰은 초비상상태로 대기했다. 사람들은 무죄를 주장하는 측과 유죄를 주장하는 측으로 나뉘었다. 무죄 측에서는 지난 7년 동안 시카고경찰이 근무 중 시민에게 총을 쏜 케이스는 400건이 넘는데 경찰관이 처벌받은 경우는 없었고, 이번 사건에서 경찰관을 처벌한다면 공권력이 위축될 수 있으며, 따라서 현장에서 일을 처리해야 하는 경찰관의 특수성을 인정해야 한다고 주장했다. 유죄 측에서는 영상증거가 너무 명확하고, 서너 발이라면 몰라도 쓰러진 사람을 향해 16발이나 쏜 것은 자기방어가 아니라 명백한 살인이며, 통상적인 업무범위도 재량행위도 아니어서 상대적 면책특권에 해당하지 않기 때문에 형사처벌을 할 수밖에 없다고 주장했다. 결국 2급살인으로 유죄평결이 내려졌고, 다이크는 2019년 1월 최종 6년 9개월 형을 받고 교도소에 복역하게 된다.

판결 그 후

밴 다이크 사건이 시카고정부의 법집행에 미친 파장은 컸다. 사건에 책임을 지고 시카고경찰국장 매카시는 사임해야 했고, 시카고시장 이매뉴얼은 차기 시장선거에 출마하지 못하게 되었으며, 연방법무부에서는 시카고경찰의 법집행과정에서의 인권침해여부에 대한 전반적인 조사를 실시했다. 경찰관은 바디카메라를 의무적으로 부착해야 했고, 경찰차량에 GPS를 달아 순찰경로가 일일이 추적당하게 되었다. 경찰관이 시민을 검문할 때에는 상대의 인종과 성별을 기록하도록 해 법집행이 인종차별적이거나 성차별적인지를 조사할 수 있도록 하는 법이 제정되었고, 모든 총기 관련 움직임은 즉시 911지령실에 무전으로 보고하도록 지시가 내려졌다. 또한 경찰관의 교육프로그램에 인종차별을 방지하는 교육이 반드시 들어가도록 했으며 신입 경찰관 채용 시 흑인을 포함한 사회적 소수자를 뽑을 수 있도록 했다.

이 사건의 파장이 유독 컸던 것은 시카고의 특수성 때문이다. 시카고는 알 카포네의 활동무대로서 미국에서 갱단이 가장 많고 총기범죄도 가장 많이 발생하는 도시로 알려졌다. 그리고 흑인거주비율이 전국 평균 13%를 훨씬 상회하는 45%이고, 오바마 대통령의 정치적 고향으로서 전통적인 민주당 텃밭이기도 하다. 총기사건, 특히 그것이 인종차별과 관련된 것이라면 민감할 수밖에 없는 도시가 시카고인데, 시카고경찰은 아일랜드계 백인이 다수인 조직으로서 법집행문화가 인종차별적이고 폭력적이라는 비판을 계속 받아왔다. 게다가 강력한 경찰노조와 가부장적인 정치문화로 인해 경찰관 관련 문제가 끊이지 않고 터졌다. 한 조사에 따르면 경찰관의 불법행위로 시카고정부가 피해자와 합의하는 데 쓴 비용만 2004년부터 2016년까지 총 6억 6,200만 달러에 이른다고 한다. 시카고시장은 이렇게 대형 사건이 터질 때마다 언론 앞에서 시카고경찰국장을 옆에 세워두고 경찰개혁을 선언했고, 지금까지 큰 개혁공약만 6번 있었는데 밴 다이크 사건이 또 터지자 시민들의 분노가 극에 달한 것이다.

상황이 심각해지자 2015년 12월 연방법무부의 조사가 시작되었고 조사결과 시카고경찰의 법집행문화가 연방헌법에 위반할 정도에 이른다고 판단, 당시 연방법무부장관 로레타 린치는 시카고정부를 연방법원에 제소했다. 시카고시장은 연방정부의 개입과 감시하에 장기적으로 시카고경찰을 개혁하는 동의서약에 서명했다. 자치정부의 힘을 중요하게 생각하는 미국에서, 그것도 3대 도시인 시카고의 시정부가 연방정부의 개입과 감시를 허용함으로써 굴욕적인 항복을 하게 된 셈이다. 절차에 따라 시카고정부는 일리노이주 검찰총장과 협상하여 236쪽 분량에 달하는 대대적인 경찰개혁안을 마련해 연방법원판사의 승인을 받게 되었다. 또한 개혁안을 제대로 적용하고 있는지 감시할 감시팀을 판사가 지정해 기약 없는 감시체제에 돌입했다.

이 동의서약의 시행을 두고 시민단체와 경찰노조의 반응은 극명하게 엇갈린다. 시민단체는 시카고경찰의 해묵은 문제를 해결하기 위해 장기간의 문화변화와 경찰교육이 이루어져야 하는데 외부 세력인 연방정부와 법원의 개입만이 유일한 답이라고 한다. 경찰노조는 외부의 지나친 통제와 개입은 경찰의 사기를 떨어뜨릴뿐더러 치안불안이 심각한 상황에서 공권력이 적극적으로 행사될 수 없어 결국 시민에게 피해가 갈 것이라고 한다.

일련의 제도적 변화는 현장의 경찰관에게 직접적인 영향을 미쳤다. 업무 관련 총기사용으로 인해 경찰관이 기소되어 감옥까지 가는 일이 처음으로 벌어지자 경찰관들은 무척 당황스러워하고 심리적으로 상당히 위축되었다. 현장에서의 당연한 법집행도 상대가 흑인이라면 인종차별로 비춰질까 봐 꺼리게 되었고 위험한 상황에서 총을 쏘고 나면 견뎌야 할 수많은 조사절차와 비난을 견디기 싫어 테이저건을 찾게 되었다. 특히 우범지역인 시카고 남부의 경찰관들은 아주 긴급한 출동신고가 아니면 골목을 적극적으로 순찰하지 않기 시작했고, 지급된 바디카메라에 법정증거로 쓰일 영상이 녹화되니까 적극적인 행동은 자제하는 경향이 생겨났다. 심지어 한 여성경찰관은 살인수배자인 흑인남성을 체포하면서 기절할 정도로 두들겨 맞았는데도 총을 꺼내지 않았는데, 인종차별적인 법집행이라고 비난받고 가족까지 시달리는 게 싫어 차라리 맞는 것을 택했다고 한다. 고질적인 악습을 뿌리 뽑기 위한 어쩔 수 없는 선택이라고 하지만, 규제나 감시가 지나치면 정상적인 치안활동까지 힘들어진다는 주장도 어느 정도 일리가 있다.

상처의 골

다큐멘터리 〈플린트 타운Flint Town〉을 보면 흑인노인의 회상이 나온다. 1940년대와 1950년대만 해도 대도시 슬럼의 흑인밀집지역은 그야말로 치안이 방치되어 있었다. 사람이 죽거나 다치고 강도를 당하거나 불이 나도 경찰은 오지 않았다. 경찰에게 철저히 무시되고 버려졌던 것이다. 1960년대와 1970년대에 벌어진 흑인인권운동 이후 그나마 경찰이 오기 시작했지만 점령군처럼 제멋대로 수색하고 체포하며 필요하면 고문까지 했다. 흑인부모들은 아이들에게 길거리에서 경찰을 만나면 무조건 천천히 걸을 것과 고개를 숙일 것,

양손이 항상 보이게 다닐 것 등을 가르쳤다. 자신들을 지키고 보호하라고 있는 경찰인데 오히려 이들로부터 살아남는 방법을 가르쳤던 것이다.

물론 지금은 과거에 비해 경찰관의 인종차별적인 법집행이 많이 개선되었다. 관련된 일련의 사건들 이후 이를 감시하는 여러 제도적 대책이 나오기도 했거니와 사회문화적으로도 인종차별은 안 좋은 것이라고 교육을 받고 자란 사람들이 많아졌고 흑인시장과 흑인경찰서장은 물론 흑인대통령까지 나오는 등 인종차별에 대한 사회적 분위기는 분명 달라졌다. 하지만 신입 경찰관 중 흑인과 여성을 포함한 소수인종비율이 높아졌다고 해도, 고참 경찰관은 경찰서에 백인이 압도적으로 많던 시절에 뽑혔고 경찰의 권위적이고 인종차별적인 법집행이 만연하던 문화를 경험했던 세대여서 그 잔재가 완전히 사라졌다고는 할 수 없다. 무엇보다도 근본적인 문제가 해결되지 않았는데, 바로 안전지역과 우범지역의 편차이다.

미국은 빈부격차가 매우 큰 데다 그 간격이 점점 더 벌어지고 있어 안전지역과 우범지역의 치안상황 편차도 벌어지고 있다. 시카고만 해도 남부는 매일같이 총격이 끊이지 않을 정도로 위험하다. 그러다 보니 이곳에 지원하는 경찰관이 없어 자연스레 경험도 없고 교육수준도 낮은 경찰관이 배치되는데 이들은 매일같이 출동하는 흑인밀집지역에서 흑인우범자들을 마주하다 보니 흑인은 다 범죄자라는 인식을 알게 모르게 갖게 된다.

앞서 언급한 사건들 모두 우범지역이자 흑인밀집지역인 곳에서 발생했고, 출동한 경찰관들도 경험이 미숙하거나 교육을 제대로 받지 못한 경찰관들이었다. 인종차별적인 법집행을 개선하고자 시카고에서도 흑인경찰국장을 뽑고 흑인경찰관을 채용해 흑인밀집지역에 배치했지만 매일같이 흑인범죄자를 만나다 보니 이들도 변하기 시작했다. 이들을 상대로 시뮬레이션을 진행한 적이 있었는데, 총을 꺼내드는 백인남성과 휴대폰을 꺼내드는 흑인남성을 가장해 경찰관의 반응을 보는 것이었다. 대다수의 흑인경찰관은 휴대폰을 꺼내드는 흑인남성을 총을 꺼내드는 백인남성보다 더 위험하다고 느끼고 반사적으로 권총을 빼드는 반응을 보였다.

오바마 대통령과 에드워드 플린 밀워키경찰서장이 공개토론에서 나눴던 대화는 이런 미국의 고민을 보여준다. 플린 경찰서장은 밀워키의 흑인거주비율은 13%밖에 되지 않지만 총기로 인한 흑인의 사망은 전체 사망자 중 50%를 넘을 정도로 흑인은 백인에 비해 범죄피해를 훨씬 많이 당하고 있다고 말했다. 그러면서도 길거리에서 경찰관이 마주하는 범죄자 대부분이 흑인이라는 구조적인 문제점을 도외시한 채 인종차별적인 법집행에 대해 보는 비난을 경찰관에게 쏟는 것은 부당하다고 지적했다. 이에 오바마 대통령은 이 문제를 해결하는 것은 대통령에게도 큰 도전이며 흑인빈민지역에 대한 사회적 투자와 학교교육의 개선 및 방과 후 교육프로그램 시행 등 장기적 안목의 전략이 필요하다고 답했다.

우범지역과 안전지역은 공권력에 대한 신뢰도에도 큰 차이를 보인다. 군인이나 소방관, 경찰관 등 제복 입은 사람에 대해 전반적으로 존경심을 가지는 미국이지만, 안전지역의 백인들은 경찰의 공권력에 큰 신뢰를 보이는 반면 우범지역의 흑인들은 경찰을 신뢰하기는커녕 미워하고 앙심을 품기까지 한다. 특히 경찰관의 총기사용으로 흑인이 사망했다는 기사가 나오면 백인경찰관은 긴장할 수밖에 없다. 2016년 7월 텍사스주 댈러스에서 아프가니스탄전쟁 참전군인 출신 흑인이 경찰관 5명을 총으로 쏴 죽였고, 2017년 10월 루이지애나주 뉴올리언스에서는 흑인이 잠복해 있다가 순찰차에서 내리는 경찰관을 총으로 쏴 죽였다. 이 사건들은 모두 백인경찰관이 흑인을 총으로 쏜 사건에 대한 보복성 테러였다.

 흑인에게 백인경찰관은 인종차별주의자이고 흑인경찰관은 배신자이다. 한 백인경찰관은 신입 시절 신고현장에서 흑인을 만나면 백인을 대할 때보다 훨씬 더 친절하게 행동했다고 한다. 하지만 자기가 아무리 노력해도 흑인에게 사사건건 트집이 잡히고 결국 인종차별주의자로 불리기는 마찬가지여서 지금은 포기하고 백인이든 흑인이든 똑같이 대한다고 한다. 한 흑인경찰관은 자신이 경찰관을 지원하자 어렸을 때부터 친했던 흑인친구들이 모두 자기를 떠났다고 한다. 인종차별적 법집행이 남긴 상처의 골은 이렇게도 깊다.

재생산되는 증오

미국영화를 보면 백인경찰관이 교도소에 수감되면 감방 안의 흑인들이 벽을 두들기며 살아서 나가지 못하게 해주겠다고 협박하는 장면이 종종 나온다. 미국 전체 수감자의 약 70%는 흑인과 히스패닉 등 소수인종이다. 지금은 흑인인권이 많이 개선되었을 뿐만 아니라 흑인이 대통령을 비롯해 정치 요직에 많이 진출하고 있지만, 대를 이어 슬럼에서 가난하게 살면서 학교를 일찍 그만두고 갱단에서 활동하다 감방을 들락날락하는 흑인도 여전히 많다. 환경이 이렇다 보니 흑인밀집지역을 관할하는 경찰관은 흑인에 내해 잠재적인 범죄자란 인식을 갖게 되어 이 구역에 출동할 때는 더 긴장하고 휴대하는 무기도 더 준비하게 된다.

흑인은 자신들에게 거칠고 차별적으로 법집행을 하는 백인경찰관에 대한 증오심을 키운다. 흑인청년을 총을 여러 발 쏴서 죽인 다이크 같은 백인경찰관이 형을 선고받고 수감되면 교도소의 절대 다수를 차지하는 흑인들은 평소의 증오심을 풀 좋은 기회로 여기고 그가 형기를 마치고 나가기 전에 어떻게든 테러를 가하거나 심지어 죽이기까지 한다. 그래서 밴 다이크 사건의 재판절차를 진행하는 쿡카운티정부로서는 재판 중과 판결 후 그를 수감할 장소의 안전을 고민할 수밖에 없었다.

일반적으로 재판 중일 때는 미결수로서 카운티교도소에 수감하고 판결이 확정되면 일리노이주교도소로 옮기는데, 쿡카운티는 미국에서 두 번째로 큰 교도소를 운영하고 있어 쿡카운티 미결수들은 당연히 이곳에 수감된 상태로 재판을 받는다. 하지만 흑인이 많이 수감된 이곳에 다이크를 수감하면 재판 중 동료 죄수들에게 죽을 수도 있어서 안전상 흑인죄수가 없거나 분리감방시설이 있는 외진 지역에 수감해야 했다.

결국 그는 재판을 진행하는 동안 일리노이주 북부 끝에 있는 록아일랜드카운티의 교도소에 수감되었다. 그리고 1심에서 6년 9개월이 선고된 후에는 선고형을 집행하기 위해 일리노이주교도소에 수감되어야 했지만, 쿡카운티정부는 일리노이주정부를 통해 연방정부에 요청해서 멀리 떨어진 코네티컷주의 댄버리교도소에 그를 수감시켰다. 하지만 안전하다고 여겼던 그곳에서도 다이크가 다른 수감자에게 폭행당하는 사건이 발생하고 말았다. 영화에서 나오는 장면이 허구나 과장이 전혀 아니고 현실은 이보다 더 심각하다.

내가 만난 경찰

2019 시카고 국제경찰장협회 회의

범죄정보공유를 위해 미국의 경찰서장들이 모이면서 시작된 국제경찰장협회는 캐나다의 경찰서장들이 합류하면서 국내가 아닌 국제협회가 되었다. 미국은 멕시코와도 국경을 접하고 있지만 캐나다의 경우 같은 영국의 식민지였고 행정구조나 시스템이 비슷해 서로 간 교류가 멕시코보다 훨씬 활발해 캐나다의 경찰서장들만 합류했다. 지금은 전 세계에 회원을 두고 있지만 회원의 절대다수는 미국인이고 총회도 캐나다 토론토를 제외하고는 항상 미국의 대도시에서 개최된다.

　해마다 회의가 열리는데 2019년 회의는 시카고에서 10월

26일부터 29일까지 3박 4일간 열려 3만여 명이 방문했다. 이름이 국제경찰장협회여서 경찰서장들만 참석할 것 같지만 일반 경찰관은 물론 법집행과 관련된 사람은 누구나 가입이 가능해 로스쿨이나 경찰 관련 학과의 대학생, 교수도 회원이 될 수 있다. 어찌 보면 경찰로서는 가장 큰 행사이기 때문에 각 경찰서에서는 경찰서장 외에도 그해 우수경찰관 선발자나 순번으로 정한 경찰관을 비용을 지불해가며 참석시키고 있다. 땅이 워낙 크기 때문에 다른 도시에서 비행기를 타고 와 호텔에서 자고, 시골에서 오면 겸사겸사 개최도시인 시카고를 관광할 생각으로 가족을 동반하는 경우도 많다. 시카고는 1893년 1회 회의가 열린 의미 있는 장소이며 2015년과 4년 후인 2019년에도 개최했다.

시카고에서 자주 개최되는 이유는 광활한 미국에서 시카고가 한국으로 치면 대전에 해당하는 중간에 위치하기 때문에 동부나 서부에서 오기 적당할뿐더러 대규모 행사를 개최할 초대형 컨벤션센터도 있고 호텔도 많기 때문이다. 행사기간 내내 시카고경찰이 교통정리는 물론 행사장 안내와 경호 그리고 참석자 차량 에스코트 등의 서비스를 제공했고, 교통혼잡을 고려해 대형 호텔 앞에서 20분마다 출발하는 셔틀을 이용하게 했다. 이 정도 규모의 행사를 주최하기 위해서는 해당 도시가 갖고 있는 인프라도 중요하고 개최도시의 경찰이 이런 행사를 안내 및 경호를 하고 교통정리도 할 수 있는 역량이 있어야 하기 때문에 시카고 같은 대도시가 후보지가 될 수밖에 없다.

주요 행사로는 대통령이 참석하는 총회와 행사기간 내내 이어지는 경찰장비전시회 그리고 경찰행정 관련 주제별 세미나가 있다. 총회에서는 임원진의 업무실적보고, 회계보고, 차기 회장단 선출 등이 이루어진다. 단일 행사로는 참석자가 가장 많은데 외국의 경찰도 자기 나라 정복을 갖춰 입고 참석한다. 정치인에게는 총회가 자신을 어필할 좋은 자리이기 때문에 대통령을 비롯해 개최도시의 시장은 물론 기회만 되면 의원들도 마이크를 잡으려 한다. 그리고 특별이벤트로 '경찰서장의 밤chief's night'이 열리는데, 참석자들이 음식과 음료를 나누며 인적 네트워크를 만드는 자리라 인기가 아주 좋다. 자치경찰이 시스템에 의해 움직인다고는 하지만 자율성이 보장되다 보니, 이들을 서로 이어주는 가장 중요한 것은 세세 어느 나라나 다 그렇듯 인적 네트워크인 듯하다.

경찰장비 전시회도 많은 주목을 받는데 전 세계 경찰장비 제조회사 700여 개가 참석하는, 단일 규모로는 가장 큰 전시회이다. 해마다 삼성전자도 부스를 크게 설치하고 있으며 매회 야심차게 진행하는 보안장비나 안전장비 또는 경찰업무를 돕는 소프트웨어 프로그램을 전시한다. 2019년 회의에서 가장 큰 부스는 테이저건 제조업체인 AXON의 부스였는데, 차세대 테이저건 전시는 물론 개량된 바디카메라와 촬영된 데이터를 저장해 활용하는 소프트웨어 프로그램을 현장에서 시연해 폭발적인 관심을 받았다.

경찰행정 관련 주제별 세미나의 경우 한국은 치안정책연구소가 있어서 경찰청 주도로 프로그램을 만들고 치안방향을 설정하는데, 미국은 주로 국제경찰장협회에서 그 역할을 담당하고 있어 행사기간 내내 수많은 세미나가 이루어진다. 세미나에 참석한 자치경찰 관계자들은 자신들 실정에 맞춰서 프로그램 채택여부를 결정한다.

회의에서 한 가지 아쉬운 점이 있었다면, 국제경찰장협회가 '국제'를 표방함에도 미국경찰서장들만의 행사라는 느낌이 많이 들었다는 것이다. 총회에서 중남미와 아프리카의 각 국가를 대표하는 경찰대표들이 참석했지만 회장과 대통령의 연설에서 이들 외국 참석자들에 대한 언급은 없었고, 행사기간 내내 이들에 대한 배려는 찾아볼 수 없었다. 주제별 세미나장에서도 여러 나라의 참석자들이 자신이 관심 있는 주제에 대한 수준 높은 강의를 들으려 몰려들었지만, 미국의 법집행환경에 초점이 맞추어져 있어 다른 나라에 적용하기에는 현실적으로 어려운 내용이 대부분이었다.

바람 잘 날 없는 시카고경찰국장

인구 270만 명의 대도시 시카고의 치안을 책임지는 경찰국장은 매우 중요한 자리이다. 뉴욕, LA와 더불어 미국의 대표 도시인 시카고의 안전을 이끌어가는 리더로서 막대한 예산을 갖고 1만 6,000명의 경찰관을 지휘한다. 시정부에서도 그 중요성을 인정해 경찰국장의 연봉은 시장의 연봉 21만 달러보다 많은 26만 달러이다. 경찰국장의 자리는 정치적으로도 중요하다. 자치경찰제에서 정치인의 정치생명에 결정적인 영향을 미치는 것이 치안이기 때문에 시장에게는 누구를 경찰국장에 앉히느냐가 중요한 문제이다.

2011년부터 2019년까지 시카고시장은 유태인계 백인 이매뉴얼이었는데, 그는 '총기사건 발생률 최고도시'라는 불명예를 떼어내는 동시에 시카고경찰의 부패 및 인권침해적 공권력행사 문제를 개선하고자 뉴욕경찰부국장 매카시를 스카우트해 국장으로 임명했다. 당시 시카고경찰보다 규모가 더 큰데도 범죄를 효율적으로 진압해 칭찬받던 뉴욕경찰의 노하우를 시카고에 이식하려는 의도였다. 하지만 밴 다이크 사건이 발생하면서 모든 것이 틀어졌다.

선거를 앞두고 있던 이매뉴얼 시장이 이 사건의 진실을 감추려 했다는 의혹이 터졌고 전국적으로 시카고경찰을 성토하는 목소리가 커지자 결국 시장 본인도 재선을 포기해야 했다. 그리고 흑인사회의 분노를 가라앉히기 위해 매카시 경찰국장을 사임시키고 후임 경찰국장으로 내부승진을 거쳐 흑인경찰관 존슨을 임명했다. 매카시 경찰국장은 자신의 사임이 정치적 결정의 희생양으로 강제되었다고 반발하며 시장선거에까지 출마했으나 빛을 보지 못했다.

신입 경찰국장 존슨도 시카고경찰을 개혁하라는 압력과 요구를 받고 꽤나 노력했지만 이매뉴얼이 사임하고 2019년 5월 흑인여성 라이트풋이 시장으로 취임하면서 유임여부가 주목받았다. 신임 시장은 경찰개혁의 지속성을 위해 존슨을 유임시키고 힘을 실어주었지만 크게 진척을 보지 못하는 경찰개혁과 경찰국장의 개인적인 실수에 의한 구설수가 생기면서

2019년 12월 사임했다. 이후 뉴욕이 아닌 LA경찰국장 출신 찰리 벡을 스카우트했지만 그도 4개월 만에 텍사스주 댈러스 경찰서장 출신 데이비드 브라운으로 교체됐다.

경찰관으로서 순경으로 시작해 시카고 같은 대도시의 경찰국장까지 오른다는 것은 참으로 영광스럽지만, 한편으로는 자신의 임명권자인 시장의 눈치를 봐야 하고 경찰노조와도 잘 타협해야 하며 언제 터질지 모르는 악재도 신경 써야 하는데다 언론대응도 잘해야 하니 결코 만만한 자리가 아니다. 그래도 가족이 고생하는 모습을 보고 자란 자녀들이 다시 경찰관이 되는 경우가 많다. 존슨 시카고경찰국장은 부인과 아들 모두 시카고경찰이고, 그의 후임이었던 벡 경찰국장도 여동생은 형사, 자녀 둘은 모두 LA경찰이다.

초미니 경찰서의 경찰서장, 셸링

듀랜드경찰서의 제프리 셸링은 2017년 5월 경찰서장으로 임명되었다. 그는 듀랜드가 소속된 위네바고카운티의 대표도시 록퍼드의 경찰서에서 25년을 근무하고 경사로 은퇴했고, 그 후 록퍼드대의 안전책임자로 근무하다가 듀랜드경찰서장이 은퇴하면서 생긴 공석에 지원해 경찰서장이 되었다. 인터넷의 경찰서장 선발공고를 통해 총 5명이 지원했으며 듀랜드에서 일리노이주경찰장협회ILACO, Illinois Association of Chiefs of Police에 의뢰해 그곳에서 선발절차를 맡아 최종선발되었다.

그는 휘하에 풀타임 경찰관 없이 혼자 사무실에서 오전 9시부터 오후 5시까지 근무한다. 대신 파트타임으로 세 명을 두고 있는데 이 중 한 명은 인근 경찰서에서 풀타임으로 근무하는 경찰관이고, 나머지 두 명 중 한 명은 IBM에서 일하고 있으며 다른 한 명은 앰뷸런스 운전수로 일하고 있다. 외부에 일이 있다든지 다른 곳의 회의에 참석해야 할 때는 문을 닫고 나가는데 이때 파트타임 세 명이 교대로 순찰을 하고 신고전화를 받는다. 순찰차 두 대 중 한 대는 경찰서장이 전용으로 사용하고 순찰차 한 대는 파트타임이 순찰 전용으로 활용한다. 911지령실은 소속된 위네바고카운티의 보안관사무실에 맡기는데 하루에 걸려오는 두세 건의 전화는 대부분 사소한 민원이다. 교통단속이나 경범죄단속이 최대한의 치안활동이고, 복잡한 사건은 위네바고카운티의 보안관이 처리한다.

이렇게 작은 경찰서라도 경찰서장은 국제경찰장협회와 일리노이주경찰장협회 회원으로서 대도시에 있는 대형 경찰서의 경찰서장과 동등한 지위이다. 교외지역에서 강력사건이 발생해 언론브리핑을 하는 것을 보면 여러 법집행기관이 합동으로 진행하는 경우가 많은데, 사건이 발생한 지역을 관할하는 경찰서가 별도로 설치되어 있다면 비록 1인 경찰서여도 그 경찰서의 서장이 최우선으로 브리핑한다. 경찰서가 작아 사건처리 역량이 안 되니까 보안관이나 주경찰 그리고 이웃 대도시의 경찰에서 지원하고 연방기관까지 참여하지만, 그래도 관할 경찰서를 지원한다는 형식은 갖추는 것이다.

듀랜드는 지역주민의 90%가 옥수수나 콩을 경작하는 농민이고 사람 수도 많지 않다 보니 경찰관과 서로 알고 지내고 있고, 외지인이 방문하면 금방 경찰관 귀에 들어오는 등 일거수일투족이 사무실에 앉아 있어도 확인된다. 이렇게 작은 경찰서를 두니 보안관에 맡기는 게 낫지 않을까 의문이 들지만 주민 입장에서는 비록 초미니 경찰서라도 가까운 곳에 마을을 잘 아는 제복 입은 경찰관이 있기를 원한다.

교외지역 경찰서장, 패럿

링컨우드는 시카고에서 북쪽으로 약 20킬로미터 떨어져 있고 차로 20분이면 도달할 수 있는 인구 1만 3,000명의 작은 도시이다. 이곳에도 경찰서가 설치돼 있는데 근무하는 경찰관은 풀타임 33명에 민간인 9명이다. 지역주민 대부분은 부유하고 경찰에 우호적인 편이어서 근무여건이 괜찮다. 이곳에 2018년 부임한 경찰서장 패럿은 링컨우드 출신이 아니라 바로 옆에 인구 7만 4,000명의 더 큰 도시인 에번스턴의 경찰관이었다. 에번스턴에서 26년을 근무했고 경감으로 승진해 순찰팀 장까지 맡았으며 중견간부의 리더십교육인 FBI아카데미와 노스웨스턴의 공공안전 교육프로그램도 이수했다. 그러던 중 링컨우드에서 경찰서장을 모집한다는 공고를 보고 지원하게 되었다.

링컨우드경찰서는 11년 일한 경찰서장이 사직하자 경찰부서장을 내부승진시키려 했지만 경찰부서장도 사직하면서 외부에서 경찰서장을 채용하기로 했다. 총 95명이 지원했고, 채용절차 일체는 공정성과 신뢰를 담보하기 위해 외부의 전문컨설팅회사에 맡겼다. 채용과정은 서류심사를 통해 95명을 24명으로 좁혔고, 스카이프 영상통화면접을 통해 24명을 8명으로 좁혔다. 여기서 전문컨설팅회사가 구성한 패널이 개인면접 및 단체면접을 통해 최종후보 두 명을 정했고 선택은 시장이 하는 방식으로 진행되었다. 개인면접 및 단체면접은 면접관들 앞에서 미리 준비한 프레젠테이션을 가지고 자신의 치안철학과 자기가 경찰서장이 되면 해당 경찰서를 어떻게 이끌어갈지를 설명하는 방식이었다. 특히 선발과정에서 가장 힘들다는 단체면접에서는 돌발상황을 던져주고 어떻게 이 상황에 대처할지 즉시 답변해야 했다. 패럿은 선발절차가 진행되는 6개월은 무척 긴장되는 시간이었으며, 이를 통과해 경찰서장으로 임명된 것이 자랑스러우면서도 많은 책임감을 느낀다고 말했다.

링컨우드경찰서의 경찰서장 연봉은 14만 2,000달러이고 순찰차출퇴근제는 없지만 경찰서장과 경찰부서장에게는 경찰마크가 없는 세단이 지급되어 출퇴근은 물론 비번 날에도 마음대로 이용할 수 있다. 경찰관이 많지 않아 경찰노조는 없는 대신 경찰관 대부분이 경찰공제조합에 노조가 아닌 경우회 형식으로 가입해 있다. 경찰관의 휴대권총은 개인이 구입한 것이 아니라 시정부에서 지급한 독일제 시그자우어이며 지역의 우호적인 분위기 덕분에 아직 경찰관의 활동을 촬영하고 증거로 남길 수 있는 바디카메라는 도입하지 않았다.

시정부의 1년 예산은 3,700만 달러이고 그중 경찰서 운영

예산이 850만 달러여서 약 25%를 차지하는데, 시정부의 재정상태가 좋아 교통티켓 발부에 대한 부담이 없어 경찰서 운영예산의 5% 수준으로 발부되고 있다. 911지령실은 링컨우드 인구가 기준선인 2만 5,000명보다 적어 폐지하고 에번스턴경찰서에 합류해 서비스를 이용하고 있으며 해마다 이용료로 70만 달러를 지급하고 있다. 한편 경찰서에서 5분 거리에 위치한 유명 레스토랑의 사장이 참여하는 경찰재단에서 최근 레벨4 수준의 방탄조끼 14벌을 기부해서 잘 활용하고 있으며 지역주민과 교감하기 위해 '경찰과 함께 커피를' 프로그램을 충실히 이행하고 있다.

부자동네 경찰서장, 우범지역 경찰서장

시카고에서 북쪽으로 약 30킬로미터 떨어진 도시 위네카는 인구 약 1만 2,000명에 부유층이 모여 사는 부자동네이다. 이 도시는 크리스마스만 되면 습관적으로 보게 되는 영화 〈나 홀로 집에Home Alone〉가 촬영된 곳으로 유명한데 지금도 케빈이 악당을 물리치던 이 집에는 관광객들이 사진을 찍으러 몰려든다. 이곳의 치안을 담당하는 위네카경찰서는 도시의 경제

사정이 안 좋아져 경찰서 문을 닫을 염려도 없고, 강력범죄가 발생해 경찰관이 부상을 당하거나 순직할 일도 없다. 지역주민들은 다 비싼 주택에 살고 치안도 좋아 경찰관에 대해 호의적이어서 기부도 잘해주고 친절하게 대해준다. 하지만 위네카경찰서장 혼스타인은 부자동네에서 경찰관으로 일하는 것이 마냥 편하지만은 않다고 한다.

주민들이 다 재력도 좋고 정치적 입김도 강한 사람들이라 경찰관을 은연중에 낮게 보는 경향이 있고, 친절하지만 존중받지는 못한다는 느낌이 든다고 한다. 강력범죄는 없지만 자질구레한 신고전화가 많은데 대부분은 대도시에서는 경찰이 쳐다보지도 않을 생활민원들이라고 한다. 가끔은 자녀를 자기 대신 학교에서 픽업해오라든지 지붕 위에 죽어 있는 다람쥐 사체를 치워달라는 식이다. 주민들은 내가 돈을 줄 테니 너희는 따지지 말고 서비스를 제공하라는 태도이다. 경찰이 할 일이 아니라며 출동을 거부하면 태도가 돌변해 시장과 경찰서장을 닦달하기 때문에 비용을 가리시 않고 서비스를 제공하는 경우가 많다.

시카고 지역 특성상 겨울에 눈이 많이 오고 춥다 보니 대부분의 주민이 겨울에는 플로리다주나 하와이주 등지로 장기

휴가를 떠나는데 이때는 빈집 순찰을 강화해달라는 민원이 많다. 〈나 홀로 집에〉처럼 휴가시즌을 노리고 부자동네 빈집 털이를 일삼는 절도꾼들을 막기 위해 순찰도 돌고 쌓여 있는 신문이나 우편물도 치워 따로 보관해서 빈집인 게 드러나지 않도록 해야 한다.

이렇다 보니 부자동네 경찰서에 지원자가 많을 것 같지만 그렇지 않은 것이다. 젊은 사람은 경찰관이 되어 폼 나게 수사도 하고 강력범도 잡고 싶은데 부자동네는 경찰서 규모도 작고 치안이 안정되어 있어서 지역주민 비위나 맞추며 근무해야 하니 월급을 더 준다고 해도 싫어한다. 게다가 경찰노조도 없어서 말이 좋아 커뮤니티폴리싱이지 경찰업무인지 아닌지 헷갈리는 잔심부름이나 처리하는 일도 싫은 것이다.

부자동네 위네카와는 반대로 시카고 남쪽에 있는 시카고 하이츠는 인구 3만 명의 아주 가난한 도시로 범죄율도 높아 낮에도 거리를 돌아다니기 쉽지 않다. 이곳의 경찰서장 토머스 로저스는 23명의 경찰관을 지휘하는데 가장 큰 고민이 신입 경찰관을 구하기 어렵다는 것이다.

도시 자체가 가난하니 봉급은 상대적으로 적으면서도 범죄율은 높아 훨씬 위험하고 지역주민 또한 경찰관에 적대적이다. 사람들이 가난하니 지붕에 다람쥐 치울 일도 없고 장기 휴가로 인한 빈집 순찰을 할 일도 없지만 일이 터졌다 하면 대형 사건이다. 그래서 경찰관 지원율이 낮아 다른 도시에서 쫓겨난 경찰관을 채용하기도 한다. 경찰관들은 봉급이 넉넉 하지 않아 비번 날 나이트클럽에 가서 경비를 서기도 하고 주 차요원을 하는 등 부업을 닥치는 대로 한다. 내부규정으로 부 업의 종류를 제한하고 싶어도 그러면 사람 뽑기가 더 어려워 지니 모른 척할 뿐이다. 혼스타인과 로저스는 이런 서로의 사 정을 알까? 경찰서장들도 부자지역끼리 모이고 가난한 지역 끼리 모이다 보니 서로 만날 일조차 없을 것이다.

고속도로를 누비는 몰로 형제

몰로 형제는 이탈리아 이민자 출신으로 일리노이주경찰의 경 찰관이다. 이들은 16년째 주경찰로서 고속도로를 누비고 있 는데, 언젠가 이들을 만나 주경찰이 좋은 김과 나쁜 점을 물 은 적이 있었다. 얼핏 생각하기에는 시경찰보다는 보안관이, 보안관보다는 주경찰이 신분도 안정되고 업무도 덜 위험하며 폼도 더 날 것 같지만 그렇지 않다.

일리노이주는 한국보다 면적이 커서 적은 수의 주경찰을 길게 뻗은 고속도로에 배치하는데, 그러다 보니 시경찰과 달리 외롭게 근무할 때가 많다. 드라마 〈기동순찰대〉에서 캘리포니아주 고속도로순찰대 판치는 고참인 존과 2인 1조로 근무하지만 실제 주경찰은 특별한 경우를 제외하고는 1인 순찰이 원칙이고 160킬로미터당 순찰차 한 대가 배치된다. 시속 80킬로미터로 2시간을 달려야 할 거리를 혼자 담당하니 외로울 때가 많다. 물론 주경찰이 고속도로만 순찰하는 것은 아니다.

일리노이주의 경우 주경찰은 총 1,700명이고 주경찰서는 주도인 스프링필드에 위치하고 있으며 주 전체를 22개 구역으로 나누어 각각에 구역경찰서를 두고 있다. 이 중 시카고와 쿡 카운티를 관할하는 구역이 가장 크고 소속 경찰관 200명에 순찰차 20대가 교대로 고속도로를 누비며 교통위반, 음주운전, 트럭과적 등을 단속한다. 주경찰이 비록 고속도로상의 법집행에 집중하지만 간혹 자치단체 중 자체 경찰서가 없고 소속 카운티의 보안관도 여건이 안 맞아 치안을 맡아줄 수 없을 때는 해당 지역의 일반치안을 맡기도 한다. 하지만 주요 활동무대가 고속도로이기 때문에 업무가 지역경찰보다 단조로운 편이고, 작은 경찰서보다 인원이 많다고는 하지만 넓디넓은 관할지역에 구역별로 나뉘다 보니 실제로 같이 일하는 경찰관 수는 적은 데다 지역주민과 교류도 적어 외롭기는 매한가지이다.

외로움 외에도 많은 시간을 고속도로에 있다 보니 단속 중 교통사고로 인해 다치거나 사망할 확률이 높다는 어려움이 있다. 시카고 같은 대도시의 경찰관이 가장 불안해하는 것은 근무 중 범인의 총에 맞아 사망하는 것인데, 주경찰이 불안해 하는 것은 총이 아닌 술이나 마약에 취한 운전자가 모는 차량에 사고를 당하는 것이다. 실제로 해마다 약 네다섯 명이 단속 중 차에 치어 죽는다.

미국의 고속도로를 운전하다 보면 간혹 단속에 걸린 차량을 갓길에 세워 운전자를 상대로 법집행을 하는 경찰관을 볼 수 있는데 단속하는 와중에도 지나가는 다른 차량을 계속 관찰한다. 그리고 다른 차량들은 차선을 옮겨 단속된 차량, 경찰관과 멀찌감치 간격을 두고 지나간다. 운전자들이 예의가 바르거나 경찰이 무서워 그러는가 싶었는데 실제로는 단속 중인 경찰관의 차량충격 피해를 예방하는 법이 제정되어 있어 그런 것이었다.

2000년 12월 시카고의 소방관 스콧 길런 경위가 고속도로 교통사고 현장에서 부상자를 구조하던 중 지나가던 음주운전자가 과속으로 속도를 제어하지 못하고 갓길에 있던 스콧 경위를 치어 사망케 한 일이 있었다. 그래서 이를 막고자 사망한 소방관의 이름을 따 '스콧법'이 제정되었는데, 비상등을 켠 응급차량을 발견했을 경우 속도를 줄이고 가능하면 차선을 바꾸어 응급차량이 지나가도록 양보하는 것이다. 이 스콧법과 비슷한 법이 대부분의 주에서 시행중이라서 경찰차량이나 앰뷸런스가 지나갈 때 일반차량들이 속도를 줄이고 양보를 잘하는 것을 볼 수 있다.

　이 법을 위반하면 벌금도 무겁고 운전면허까지 정지될 수 있기 때문에 잘 지켜지는 편이지만 마약이 흔하고 음주단속도 한국처럼 촘촘하지 못하다 보니 사고가 생기기도 한다. 주 경찰은 사고현장을 자주 목격하고 본인이 피해당하는 경우도 있어 이로 인한 PTSD에 시달린다. 미국의 고속도로에는 일정한 간격으로 휴게소가 있는데 주로 용변을 해결하고 잠시 졸음을 피하려고 가는 곳이다. 휴게소 중에는 임무 중 차에 치어 순직한 경찰관을 기리는 기념비가 있기도 하고, 휴게소 이름에 경찰관의 이름을 붙인 경우도 있다.

영혼의 파트너와 함께한 마이크

경찰관 마이크 송 강은 웨스트필드경찰서 소속 경찰견 핸들러이다. 웨스트필드는 인디애나주의 주도이고 가장 큰 도시인 인디애나폴리스로부터 북쪽으로 약 50킬로미터 떨어진 인구 4만 명의 소도시이다. 하지만 주민 대부분이 여유가 있고 관할지역 내에 여러 공장과 비즈니스건물 그리고 대형 스포츠센터가 있어 세금이 넉넉히 걷히는 부유한 도시이다. 이곳 경찰서는 경찰관 52명 규모인데 갈수록 도시 인구가 늘어나고 있어 경찰서 규모도 커지는 추세이다.

마이크는 경찰서에 있는 세 명의 핸들러 중 한 명으로, 2003년부터 핸들러를 시작해 18년 동안 근무하다 지금은 잠시 쉬고 있다. 평소 개를 무척 좋아했던 그는 2003년 경찰견 한 마리를 추가도입하기로 한 경찰서 결정에 따라 핸들러 지원자를 모집하는 경찰서 내부게시판을 보고 지원했고, 인디애나주에서 가장 큰 민간경찰견훈련소인 본리치에서 막 구입한 독일산 셰퍼드 록키와 함께 10주간 훈련을 받았다.

훈련은 마약탐지와 인명구조에 집중해서 이루어졌는데 마이크는 훈련소에 합숙하며 매일 록키와 한 몸이 되어 다양한 훈련을 소화했다. 교육이 끝난 후 록키와 함께 핸들러, 경찰견 콤비로 이름도 같이 쓰인 인증서를 받고 핸들러로서 정식으로 근무하게 되었다. 교육을 마치고 인증을 받았어도 경찰견이 주변 환경에 노출되면 훈련감각을 조금씩 잃어갈 수 있기 때문에 매달 8시간씩 훈련소에 가서 유지교육을 받아야 했다.

근무를 시작하면서 차도 경찰견을 뒤에 실을 수 있도록 개조된 유틸리티를 제공받았다. 경찰견이 실린 케이지는 차 앞좌석과 분리되었고, 적정온도가 유지되도록 냉난방장치가 특별히 설치되었다. 핸들러 수당은 매달 500달러씩 별도로 지급되었고, 경찰견이 임무수행 중 잘못된 공격으로 생길 수 있는 사고에 대비한 보험에 가입해주었고, 사료, 개껌, 목줄 등이 필요할 때마다 경찰서에서 구매해주었으며, 정기적인 예방접종이나 간단한 치료 등은 관할지역 내 수의사가 기부차원에서 무료로 해주었다.

경찰견 세 마리가 각각 순찰팀에 배치되었는데 마이크는 록키와 함께 순찰 1팀에 배치되어 그때부터 모든 일정을 함께했다. 출근도 퇴근도 함께하고 쉬는 날에는 공원산책도 함께했으며 집에서 잠도 같이 자고 병원도 같이 갔다. 가끔 교통단

속에서 마약운반이 의심되는 차량이 있어 지원신고가 들어오면 록키와 바로바로 현장에 달려갔고 몇 번의 공을 세워 상금도 받고 포상휴가도 받았다. 하지만 개가 인간보다 수명이 짧다 보니 록키는 점점 감각을 잃어갔고 결국 2009년 경찰관과 똑같은 은퇴식을 가졌다. 경찰서는 마이크에게 의견을 물어 록키가 여생을 파트너인 마이크와 보내도록 배려해주었다.

1년 후 경찰서는 다시 셰퍼드인 고르키를 구입했다. 마이크는 고르키와 함께 다시 민간경찰견훈련소에 들어가 5주간 훈련을 받고 둘의 이름이 나란히 새겨진 인증서를 받고 졸업했다. 고르키는 2017년 12월 은퇴해 마이크의 집에서 짧은 여생을 보내고 2019년 봄에 사망했다. 마이크는 록키와 고르키가 죽을 때마다 장례식을 치러주었고, 화장해서 유골을 함에 담아 집 안에 두었다. 경찰서에서는 고르키의 빈자리를 메우기 위해 다시 새로운 개를 구입한다고 했지만, 마이크는 분신 같은 파트너와 이별하는 아픔이 싫어 핸들러를 그만두었다. 지금은 일반 경찰관으로 근무하고 있는데, 가끔 유골함을 어루만지면서 이들과 함께 활동했을 때의 추억을 떠올리곤 한다.

총과 도넛
존경과 혐오의 공권력 미국경찰을 말하다

© 최성규, 2021. Printed in Seoul, Korea

초판 1쇄 찍은날 2021년 1월 12일
초판 1쇄 펴낸날 2021년 1월 20일
지은이   최성규
펴낸이   한성봉
편집   하명성·신종우·최창문·이동현·김학제·신소윤·조연주
콘텐츠제작   안상준
디자인   김현중
마케팅   박신용·오주형·강은혜·박민지
경영지원   국지연·강지선
펴낸곳   도서출판 동아시아
등록   1998년 3월 5일 제1998-000243호
주소   서울시 중구 퇴계로30길 15-8 [필동1가 26]
페이스북   www.facebook.com/dongasiabooks
전자우편   dongasiabook@naver.com
블로그   blog.naver.com/dongasiabook
인스타그램   www.instargram.com/dongasiabook
전화   02) 757-9724, 5
팩스   02) 757-9726

ISBN   978-89-6262-364-2   03350

이 도서의 국립중앙도서관 출판예정도서목록(CIP)은
서지정보유통지원시스템 홈페이지(http://seoji.nl.go.kr)와
국가자료공동목록시스템(http://www.nl.go.kr/kolisnet)에서
이용하실 수 있습니다.

※ 잘못된 책은 구입하신 서점에서 바꿔드립니다.

만든 사람들
책임편집   신종우
크로스교열   하명성